谋势在人

U0923494

盾之书——伍

（北宋）王旦 著

马树全 译注

天津出版传媒集团

天津古籍出版社

图书在版编目（CIP）数据

谏学 /（北宋）王旦著；马树全译注．—天津：
天津古籍出版社，2023.4
（谋势在人·盾之书 / 观山斋人主编）
ISBN 978-7-5528-1306-7

Ⅰ.①谏… Ⅱ.①王… ②马… Ⅲ.①古汉语—言语
分析 Ⅳ.① H109.2

中国国家版本馆 CIP 数据核字（2023）第014414号

谏　学

JIANXUE

（北宋）王　旦 / 著　马树全 / 译注

出　　版　天津古籍出版社
出 版 人　张　玮
地　　址　天津市和平区西康路35号康岳大厦
邮政编码　300051
邮购电话　（022）23517902

责任编辑　王海燕
装帧设计　汉字风

印　　刷　优速（天津）印刷有限公司
经　　销　全国新华书店发行
开　　本　710毫米 ×1000毫米　1/16
印　　张　15
字　　数　223千字
版次印次　2023年4月第1版　2023年4月第1次印刷
定　　价　58.00元

总 序

中华民族是一个重德的民族，也是一个善谋的民族。中国的古代经典中处处有谋略的影子，如《论语》的“天下有道则见，无道则隐”，《道德经》的“反者道之动，弱者道之用”，《孙子兵法》的“上兵伐谋”，《鬼谷子》的“圣人之道阴，愚人之道阳”，等等。

谋略被高度重视和广泛运用，是中国古代社会的鲜明印记之一。中国古代的封建专制制度造成了古代官场政治环境的恶劣，也造成了古代人治社会中法律规则的失位。人们难以靠公平、公正的手段来获取利益，难以靠法律规则来保护自己，由此，产生了独具特色的处世哲学和处世智慧，而谋略是其集中表现。为了生存和发展，人们各显其能，各出奇谋，共同促成了谋略文化的形成和兴盛，也不断催生出更高的谋略智慧。可以说，谋略文化是中国传统文化的重要组成部分，更是博大精深的东方智慧的代表。

应该明确指出的是，由于时代的差异和思想的局限，传统文化中难免有糟粕成分。谋略文化也是有优有劣的，我们不能盲目地全盘接受，而要有所选择，批判地继承其中有价值的思想和经验。

中国古代关于谋略的典籍浩如烟海，可究其本质，不外乎“矛”与“盾”两种。“矛”的谋略，重在传授“无中生有”、建功立业之道，强调的是主动出击，持“矛”以攻；“盾”的谋略，重在传授趋利避害、解厄脱困之道，强调的是主动退让，持“盾”以守。“矛”与“盾”是不可分割的两个部分，各有奇效，相互补充。兼顾“矛”和“盾”，便抓住了中国古代谋略书的机要，化繁为简，使人们更易于掌握精髓，达到事半功倍的阅读效果。

鉴于此，现将“谋势在人”丛书按照“矛”与“盾”的内涵编成“谋势在人：矛之书”“谋势在人：盾之书”两个系列。“谋势在人：矛之书”共五册，分别是《智谋学》《势书》《予学》《观人术》《仕进学》；“谋势在人：盾之书”共五册，分别是《止学》《守弱学》《谏学》《解厄学》《韬晦术》。

“谋势在人：矛之书”和“谋势在人：盾之书”有一个共同特点、两个重要突破、三个重大启示和四个巨大价值。

一个共同特点：每册书的主题在中国古代的谋略书中都是独一无二的，且是世人极为关注的。

两个重要突破：在内容上突破了各种传统观念的束缚，在行文上突破了冠冕堂皇的说教形式。

三个重大启示：第一，谋略的核心是大智慧，而不是小聪明；第二，可以不用小人谋略，但不可不知小人谋略；第三，成大事虽离不开谋略，但更要不忘初心。

四个巨大价值：原汁原味的文献价值、客观严谨的研究价值、专题论述的理论价值、启迪人生的实用价值。

观山斋人

2018年6月于北京梨花轩

谏　学

（北宋）王　旦

明世卷　第一

原文	译文
不明世，言必失。	不明了人情世故，言语一定会有错误。
物难尽，辞勿满。	万物难以尽述，言辞要留有余地。
舌利非强也。	（只是）能言善辩并不是真正的强大。
君子不进谗。	君子不会进献谗言。
小人不进忠。	小人不会进献忠言。
心予君子，莫予小人。	真心给予君子，不要给予小人。
人不可尽信。	人不可以全部信任。
言不可尽献。	心里话不可和盘托出。
功非言成，成乃实也。	功业不是仅凭言辞就能造就

的，成功重在依靠实力。

人非言亲，亲乃行也。

仅凭言辞无法使人感到亲近，令人亲近的在于实际行动。

鉴人卷　第二

| 原文 |

| 译文 |

人伪则矜，人贱则讳。

虚伪的人善于夸耀，贫贱的人往往更懂得忌讳。

人困则乱。

人在穷困的时候言行往往会失当。

媚上者欺。

谄媚上司就是欺骗上司。

弃友者奸。

背弃朋友就是步入奸邪。

绝亲者祸。

断绝亲情就是自取祸殃。

人善，勿患谗也。

品行端正的人不必在意他人的谗言。

人非善变，乃不识也。

人并不是善变，只是别人并不真正了解他。

人非好恶，乃欲多也。

没有人天生喜欢做个恶人，只是他们的欲望太多了。

怨不及慎矣。

事后抱怨不如事前慎重。

观心卷　第三

原文	译文
志异弗谋也。	志向不同，就不要在一起谋议。
人忌言废也。	遭人忌恨，说话就全无效用。
君子重诺，其心荡荡。	君子重视承诺，他的内心是宽广的。
小人背信，其心暗暗。	小人不守信用，他的内心是阴暗的。
见心知品也。	透视一个人的内心就可知晓他的品德如何。
善言未必善报。	好的谏言不一定有好的回报。
诳语未必人厌。	欺骗人的话不一定让所有人都厌恶。
上意乃定也。	上司的心意是决定人们行止的重要因素。
智者必重礼焉。	有智慧的人一定会重视礼法。
贤者必助人焉。	贤德的人一定会帮助他人。

谏上卷　第四

原文	译文
不敬上，无以谏也。	不敬重上司，就无法劝谏上司。
少才识，无以动也。	缺少才学见识，就无法打动上司。
言尽述，无以宠也。	把心里话全部说出，就无法得到上司的宠信了。
上明则下直。	上司贤明，下属就会直言无忌。
上昏则下惑。	上司昏庸，下属就会巧言迷惑。
上虐则下诺。	上司暴虐，下属就会消极顺从。
事不揽功。	说事情的时候不要揽取功劳。
人不揭私，过不护己。	说他人不要揭露其隐私，说过失不要袒护自己。
正而慑上焉。	一身正气可使上司敬畏。

诫下卷　第五

原文	译文
惠人勿虚。	予人恩惠不要只说空话。
惩人必实。	惩罚罪人一定要用实际行动。
谦以求贤。	求取贤人时要谦逊。
静以应变。	应对变故时要镇静。
傲者抑之。	对心高气傲的人要抑制。
佞者远之。	对奸伪的人要疏远。
智者倚之。	对有智慧的人要倚重。
庸者诘之。	对平庸的人要责难。
眷人，人眷也。	关心他人，才会得到他人的关心。
苛人，人苛也。	苛求他人，也会被他人苛求。

说人卷　第六

原文	译文
君子不发危言。	君子不说恐吓人的话。

小人不道真语。

小人不说真心的话。

说人先说己焉。

说服他人先要能说服自己。

言与智者，晦也。

和智者说话，要隐晦。

言与愚者，明也。

和愚者说话，要明了。

言与敌者，诈也。

对敌人说话，要用诈。

往勿论。

过去的事不要考虑太多。

来可期也。

将来才是可以期待的。

事勿责。

事情不要过多地指责。

理必知也。

世间的道理一定要了解。

诡辩卷　第七

| 原文 |

| 译文 |

道以直焉，术以诡焉。

大道依靠正确的道理教育世人，权术依靠欺诈来愚弄世人。

上必称义。

在上位的人一定会说自己是讲道义的。

下必言忠。

处下位的人一定会说自己是有忠心的。

强必表善。

强者一定要表现出善意。

弱必显勇。

弱者一定要显示出勇猛。

未定之事少言。

对没有确定的事情要少加评论。

难言之秘勿测。

对别人藏在心中的秘密不要加以猜测。

大处惟争，小处惟让矣。

大的方面一定要力争，小的方面可以退让。

默言卷　第八

原文	译文
智者不以言能。	有智慧的人不以能说会道为能。
贤者不以名重。	贤德的人不以名望为重。
恶者不以诫止。	恶人不会因为他人劝诫而停止作恶。
庸不纳忠。	昏庸之主不接纳忠臣。
明不容奸。	贤明之主不容忍奸臣。
良言易污。	好的话语容易受到歪曲。
心善易伤。	心地善良容易受到伤害。

专权者上也。	独断专行的是上司。
保身者下也。	明哲保身的是下属。
上下难交心矣。	上司和下属都很难做到把内心的想法毫无保留地说出来。

王旦小传

王旦，北宋大名莘县人，字子明。王旦出生于后周世宗显德四年（957），因其生于凌晨，故取名旦。他小时候沉默寡言，却好学不倦，颇有文才。王旦的父亲王祜很器重他，说："这个孩子应当会官至公卿宰相。"

太平兴国五年（980），王旦进士及第，担任大理评事，后出任平江知县。咸平三年（1000），他主管贡举，授任给事中、同知枢密院事，实际上已跻身于北宋的权力核心。

咸平四年（1001），王旦任工部侍郎、参知政事；景德二年（1005），任尚书左丞；景德三年（1006），任工部尚书、同中书门下平章事，正式拜相。景德四年（1007），他奉命监修《两朝国史》。

王旦掌权共十八年，为宰相十二年。有人毁谤他，他往往反省自己，不加争辩；至于他人有过失，即使是真宗盛怒，他也尽量为其辩护。他为相正直，雅量过人，可称君子。

王旦善于知人，为相期间，多荐用厚重之士，力劝宋真宗行祖宗之法，慎作改变，深为真宗信赖。

目　录

明世卷　第一

- 言语的艺术对人生成败有着重要的作用。
- 说话重在以理服人，不能强词夺理。
- 对君子进言可以畅所欲言，但对小人一定要有所保留。
- 人心难测，所以对人不能毫无保留。
- 言辞的作用毕竟是有限的，成功者必须以实力为依托。
- 重视行动，就是要把言辞落到实处，做到言行一致。

鉴人卷　第二

- 通过分析一个人的言语，可以审视其人品。
- 人在穷困、失意的时候，容易言行失当。
- 交朋友，贵在诚实无欺。
- 一个人如果连最亲近的人都不能相容，那么一定是薄情寡义之人。

观心卷　第三

- 道不同，不相为谋。
- 要想说话得到众人呼应，重要的条件之一是建立良好的人际关系。
- 内心宽广的君子重视承诺。
- 内心阴暗的小人不守信用。
- 好的言辞不一定有好的回报。

谏上卷　第四

- 规劝他人，不能失去敬重之意。
- 说话要想打动人，首先必须积累学识。
- 上司贤明，下属就会直言无忌。
- 上司昏庸，下属就会巧言迷惑。
- 上司暴虐，下属就会消极顺从。
- 不要总把功劳挂在嘴上。
- 不要推卸自己的责任。

诫下卷　第五

- 言出必行，承诺要落到实际行动上。
- 谦逊是一个人应有的美德，更是一种人格魅力。
- 在应对变故时，一定要镇静。
- 对心高气傲的人要抑制。

- 对奸伪的人要疏远。
- 对有智慧的人要倚重。

说人卷　第六

- 规劝他人重在说理，而不应采取恐吓手段。
- 小人喜欢用虚伪的言辞欺骗人。
- 想要说服别人，首先必须说服自己。
- 和聪明人说话，点到为止即可。
- 和愚笨的人说话，要简单明了。
- 和敌人说话，能用诈术就用诈术。
- 要明世，首先要明理。

诡辩卷　第七

默言卷　第八

明世卷第一

不明世，言必失。

物难尽，辞勿满。

舌利非强也。

君子不进谗。

小人不进忠。

心予君子，莫予小人。

人不可尽信。

言不可尽献。

功非言成，成乃实也。

人非言亲，亲乃行也。

本卷精要

· 言语的艺术对人生成败有着重要的作用。

· 说话重在以理服人，不能强词夺理。

· 对君子进言可以畅所欲言，但对小人一定要有所保留。

· 人心难测，所以对人不能毫无保留。

· 言辞的作用毕竟是有限的，成功者必须以实力为依托。

· 重视行动，就是要把言辞落到实处，做到言行一致。

原文

不明世，言必失。

译文

不明了人情世故，言语一定会有错误。

释评

言语的艺术对于人生成败十分重要，这是人所共知的。要做到言语得体、少犯错误，仅仅在辞令上下功夫是不行的。言语的表述反映着一个人的学识和水平，不懂人情世故是说不出有分量的话语的，更不能打动人心，悦人悦己。了解世情是言语艺术的基础课程，在此经受历练，多下苦功，必有大的收获。

事典

请求退隐的室昉

辽景宗在位时，室昉为翰林学士，兼政事舍人。景宗多次向他询问古今治乱得失之道。室昉的奏对很合景宗的心意，每次都能得到景宗的夸奖。

一次，朝中一位大臣问室昉说：

“皇上自视甚高，对人向来挑剔，你为何能屡次受到皇上称赞呢？”

室昉回答道：

“我不是有意奉承皇上，而是在洞察了世事的基础上，再据实道来。说话不能脱离实际，更不可玩弄辞令，否则即使说得天花乱坠，也会令人生厌。”

一日，室昉劝谏景宗说：

“陛下博览群书，喜欢谈论古人得失，但这还不够，陛下想以此为鉴治理天下吗？”

景宗为难道：

“说说容易，要实践却有难度，容待日后再付诸行动吧！”

室昉马上进言说：

“如果陛下只为一时痛快，大可不必空谈。时下弊政不少，仅靠言谈是解决不了实际问题的。请陛下克服畏难之心，抓紧时间行动起来。”

景宗在室昉的督促下，终于下定决心，开始切实地整治国政。

室昉因为进谏有功，被升为南京副留守。到任后，室昉少说多做，事事都用心用力，做出了不少成绩。

为审案判案，室昉还经常走访民间，了解世态人情。

有人问他说：

“大人高高在上，何必要深入民间？有不明之事，问询属吏便可。大人这样做太辛苦了。”

室昉解释说：

“我进士出身，说点官话自然不是什么难事，但为了办案无误，我岂能轻率呢？不了解下情，我就分辨不出真假之辞，容易在判案时犯下错误，这关系到人命啊！”

在不懈的努力下，他判案公平公正，毫无偏袒，人们都称颂他是难得的好官。

室昉步步高升，最后升至枢密使，兼北府宰相，加官同政事门下平章事。

人们都羡慕他，不想室昉却做出了惊人之举，主动请求告老还乡。

他在给圣宗的奏章中说：

“臣已老迈，不胜显位，为朝廷大计着想，臣不能久居大位。臣一人荣耀为小，朝廷政事为大，臣决意让贤。”

圣宗很吃惊，他问室昉说：

“你有功无失，为何自动请退呢？是朕亏待你了吗？”

室昉诚恳道：

“天恩浩荡，臣这样做完全是为了朝廷，以报效陛下的大恩大德。”

无论室昉怎样解释，圣宗就是不准奏。家人劝室昉说：

“皇上舍不得你，你就不要坚持了。”

室昉沉稳道：

“现在我已知道皇上是真心留我，这样我才略微心安哪！”

随后，室昉说出了他的心里话：

“我不是故作姿态，而是担心皇上猜忌我啊！要知我久居高位，大权在握，皇上肯定会关注我，这种事怎能大意呢？我多次请求退隐，正是向皇上表明心志，我也是不得已而为之。”

室昉越发受到重用，他却更加谦逊，丝毫没有骄傲之态。他分析时弊，向圣宗大胆进言。圣宗对他的建议都一一采纳。

统和八年（990），室昉再次请求退隐。圣宗仍是不准，特下令让他入朝可以不跪拜，又赐给他几案、手杖，还封他为郑国公。

室昉见圣宗意诚，于是不再请辞。他对家人说：

“我这样做很有必要，你们不要怪我。我深谙人情世故，如此方可避祸。”

室昉去世后，圣宗嗟叹悼惜，停朝两天，追赠他为尚书令。

原文

物难尽，辞勿满。

译文

万物难以尽述，言辞要留有余地。

释评

世间万物奥妙无穷，任何人面对它都要有敬畏之心，不能口出狂言，骄傲自大。人的智力和知识是有限的，不可能对万事万物都有透彻的了解，因此人要保有谦逊之心，时时戒除自满自傲之态。言语要慎重，不可太满，这不仅体现着一个人的智慧，而且在一定程度上关系着一个人的前途命运。

事典

张齐贤的受挫

张齐贤

宋代著名政治家。曾率领边军与契丹作战，颇有战绩。为相二十一年，在政治、军事、外交等方面都做出了极大贡献。卒于宋真宗大中祥符七年（1014），赠司徒，谥号文定。

镜　鉴

切不可恃才藐视尊长，一味言语争强。

宋太祖赵匡胤登上大位时，张齐贤曾向他献策十条，其中四条被赵匡胤采纳。张齐贤很不满足，他对赵匡胤说：

“臣的建言没有不妥之处，陛下不应有所舍弃。”

赵匡胤不悦道：

“你如此自负，便是一大缺失，难道你还不明白吗？”

张齐贤仍然辩解。赵匡胤一气之下，命武士把他拽出殿外。

赵匡胤没有对张齐贤加官封爵，他对弟弟赵光义说：

“张齐贤狂妄自大，不经磨炼，难成大器。朕要让他吃些苦头，以消其傲气。”

赵光义说：

“此人言语有物，见解不凡，当是有大才之人，陛下何必苛求他呢？”

赵匡胤道：

“正因他有才有识，朕才不想让他自毁前程。他过于自负，如果让他受些苦难，相信他必会彻悟，这样对朝廷更为有用。”

张齐贤虽有大才，却不为朝廷所用，人们都说是因他太显露锋芒。

有人对他说：

“世上的能人很多，你不知道的事理很多，你为何不谦逊一点呢？真正的贤人没有一个是喜欢自我夸耀的，你的遭遇都是你自找的。”

张齐贤痛加反省，道：

“这个世界上，没有人是不可或缺的，何况是我呢？我不懂的地方还很多，今天的下场都怪我自己平日太狂妄！”

张齐贤开始收敛自己的言行，不再以善言为能了，脸上总是一副思索的模样。

宋太宗赵光义选拔进士时，张齐贤以大理评事的官阶做了衡州通判，正式步入仕途。张齐贤对朋友说：

“我从前自以为洞明万事万物，结果遭人冷落，屡受打击，这个教训太深刻了。现在我要牢记这一点，谦逊做人。”

不久，衡州逮捕了一批盗贼，论罪应该全部处死。

张齐贤不敢大意，他说：

“人都有失察的时候，况且这次关系到这么多人的性命，一定要格外谨慎，我还要复查。”

复查费时费力，部属对他说：

“大人身为长官，不应做如此辛苦之事。大人只要批复一下就可以了。”

张齐贤摇头道：

“批复容易，令人死而复生就不可能了，我不能肯定自己不会出错。”

张齐贤仔细复查此案，结果发现有五人是被冤枉的。这五人因此得以活命。

张齐贤长吁短叹，对部属说：

“我从前自恃聪明，犯了不少的错误，可见所谓的聪明是不可靠的。我们都应尊重事实，在实践中增强自己的才干。”

宋太宗雍熙初年，张齐贤任左谏议大夫。他向太宗进言十分谨慎，从没有武断夸口之辞。

一次，太宗对张齐贤说：

“你从前颇有狂妄之举，现在却有怯懦之嫌，为什么会这样呢？”

张齐贤回答道：

“臣已知世事复杂，不敢再轻下断言，臣自觉较从前进益许多。”

太宗点头说：

“你如此检视自己，说明你不再逞口舌之利了，这才是朕所愿见的。”

雍熙三年（986），宋军大举北伐，杨业在代州战死。太宗向群臣询问对策。张齐贤主动请求前往边塞，他说：

“我军虽败，但决不可后退示弱。臣愿前往代州，为朝廷分忧。”

太宗吃惊道：

“你可有退敌之策？”

张齐贤把苦思之策一一道出，后道：

“臣的策略要付诸实施，一定要臣亲往边塞。如有问题，臣可随时调整。臣不敢纸上谈兵，恳请陛下允准。”

太宗被张齐贤的诚心打动，不仅马上答应了他的请求，而且高声赞扬说：

“用心谋划，主动请缨，非大忠大勇之人不可为之。你如此为朝廷尽心，朕十分安慰，相信你必获成功！”

张齐贤被朝廷任命为给事中、代州知州。他一上任，便亲自察看地形，组织兵马，做了充分的应战准备。他对将士们说：

“战争是残酷的，骄傲轻敌只会使自己送命，这是不容有丝毫大意的。你们都要做好准备，全力以赴。”

辽兵来犯，张齐贤率众迎击，接连获胜。他也因功于淳化二年（991），晋升为参知政事。

原文

舌利非强也。

译文

（只是）能言善辩并不是真正的强大。

释评

说话重在以理服人，做不到这一点，能言善辩也是无用的。不了解世态人情，就会言之无物；不注重有理有据，便会牵强附会。这都是言语的大忌。有些人盲目追求言语的技巧，而不在情理上花功夫，结果必然是徒劳无功。言语只是一种媒介，如果只在声势上夺人，而不能打动人，使人心悦诚服，它便失去了真正的效能，甚至会起到相反的作用。

事典

提出异议的元澄

一次，北魏孝文帝召见任城王元澄。孝文帝说：

“从前，郑国的子产把法律铸在铁鼎上，而晋国的叔向却对他这种做法提出异议。这两个人都是有道德和才能的人，究竟谁是谁非呢？”

元澄回答说：

“要分辨是非，必须明了世情，通晓当时的具体状况。郑国势弱，害怕强大的邻国，老百姓纷纷迁离。如果不用刑法加以威慑，就难以禁止，所以把刑法铸在铁鼎上。这种做法不符合古代的礼制，却符合当时法家的法制主张，臣认为是可取的。叔向强调礼制，注重教化，实际上效果极慢，并不可取。”

事后，有人责备元澄道：

“你竟然游说皇上残暴治国，这是忠臣所为吗？你此举虽可讨得皇上的一时欢心，但终将为天下百姓所唾骂。”

元澄十分惊讶，他反省道：

“我只求一时有功，却没有深思此中弊端，这是我争功逐利的思想在作怪啊！我不能想百姓之所想，只想靠刑法威慑百姓，这当不是长久之计。”

元澄心中有悔意，郁郁寡欢。

孝文帝要南下进攻齐国，他诏令太常卿王谌占卜南伐的吉凶，结果得一“革”卦。

于是，孝文帝对文武百官说：

“朕此举可比商汤、周武王革命，可谓顺承天意。这可是顺应百姓心愿的卦象啊！”

元澄趁机进言说：

“《周易》所谓‘革’，是更替的意思。表示要迎合天命、顺乎民情，推翻旧王朝，因此商汤、周武王占得‘革’卦而取得天下。陛下已是天下之主，继承了几代积累下来的事业。今日占卜出征，只可征伐叛逆，不能称为革命，还请陛下三思。”

孝文帝见元澄提出异议，十分生气道：

“忠臣要和朕保持一致，你的言行太让朕失望了！”

元澄大声说：

“一切要讲个‘理’字，这样才可让人信服。陛下以一人之爱憎作为取舍的标准，臣担心这样会失去民心。”

孝文帝对元澄十分不满。一位近侍私下对孝文帝说：

“元澄和陛下争辩，既不是为了一己的私利，也不是故意卖弄尖牙利齿，他是怕陛下有失威德。陛下身为圣明之君，当理解其苦心，不可冤枉了他。”

孝文帝后来召见元澄，和颜悦色地安抚他。元澄道：

“说服人不可强词夺理，纵是君王也不该这样。只有确实有道理，方可使人心悦诚服。陛下能诚心改过，这是天下人的幸事啊！”

后来，孝文帝决定迁都洛阳，他担心众臣反对，于是召见元澄，和他商议此事。元澄对孝文帝说：

“迁都之举乃百年大计，陛下尽可从速实行。其他大臣如若反对，臣自会说服他们，陛下不用担心。”

孝文帝一笑道：

“以朕的权威尚且不能令众臣畏服，你为什么如此肯定呢？”

元澄亦笑道：

“臣知道众臣的心理，更知道大道能启发人的心智。臣相信他们不是不可理喻之人，这一点臣是有信心的。”

元澄用古今变革的道理，慢慢晓谕众臣。他诚恳地说：

"你们不赞成迁都，是不明白天下大势的结果，也是考虑私利太多的缘故。如果从朝廷利益着想，你们就不会这样计较了。我们是朝廷的大臣，倘若不为国家长治久安设想，那便是失职失德了，这绝不是我们应该做的。"

元澄不急不躁，耐心说服每一位大臣。最后，众臣心悦诚服，都表示赞成迁都。

原文

君子不进谗。

译文

君子不会进献谗言。

释评

言为心声，一个人的言辞好坏是由他的品质优劣所决定的。从这个意义上说，一个人品质的重要性远高于其言辞。君子人品高尚，不会因私废公、进献谗言，他们的言语大都可以相信。君子目光远大，心胸广阔，他们对人世与人情的认识是深刻的，对他人的宽容和对自身涵养的重视也是他人所不及的。他们爱憎分明，决不靠阴谋诡计为自己牟利。

事典

直言进谏的东方朔

西汉武帝时，大臣东方朔以直言进谏闻名，人们都敬畏他。

当初，武帝的姑母馆陶公主下嫁堂邑侯陈午。陈午死后，公主寡居。后来，五十多岁的馆陶公主竟爱上了侍臣董偃。董偃原与母亲以卖珠为业，从十三岁起便经常出入公主家。公主听说董偃长相俊美，便招来相见，并

把他留在了府中。董偃长到十八岁，出则为公主驾车，入则陪公主坐卧。许多王公大臣见董偃受宠，都争着与他交往。

董偃仗着公主的权势，受贿弄权。为了讨取武帝的欢心，他在全国挑选了许多出色的杂技艺人和狗马玩物，聚集在公主家中，供武帝前来娱乐。

武帝十分喜欢董偃的乖巧。一次，武帝竟特意在皇宫中摆设酒宴，准备招待董偃，以示奖赏。

东方朔见状，对其他大臣说：

“董偃只会引诱皇上玩乐，皇上如此待他，日久难免昏庸堕落，我们做臣子的应该直言进谏啊！”

其他大臣不仅不敢劝谏，而且还反驳道：

“皇上宴请何人，这是皇上的私事，你是在小题大做。”

东方朔气愤道：

“你们不进直言，反而说我小题大做，可见你们的为人令人怀疑！我是为朝廷设想，并不是因私利攻击别人。你们不敢进谏，我独谏好了！”

东方朔于是劝谏武帝说：

“董偃犯有可杀头的三条大罪，怎可进入皇宫？望陛下收回成命！”

武帝一惊道：

“此话不可乱说，你有何根据？”

东方朔正声道：

“董偃身为人臣，却私侍公主，这是第一大罪。败坏男女节操，扰乱婚姻之礼，伤害国家法制，这是第二大罪。陛下年富力强，正应全神处理国事，而董偃却极尽奢侈游乐之能，诱使陛下走邪路，这是第三大罪。这样的人是国家的大贼，臣不能坐视不理，任由陛下犯错。”

武帝无法为董偃辩解，他低声说：

“朕已准备好宴席，以后再让他改正，如何？”

东方朔一口拒绝，大声说：

“不行。皇宫是商议国家大事的神圣之地，董偃绝不可入内！”

事后，有人向武帝进谗，说东方朔是存心令武帝难堪。武帝内心清醒，他长叹说：

“如果换作他人，朕或许会相信你，可东方朔乃正人君子，他是不会有意为难朕的。东方朔的话虽难听，但说得句句在理，他是真心为了朕好，朕又怎能不知呢？”

武帝赏赐东方朔黄金三十斤，并对董偃渐渐疏远了。

当时，天下奢侈成风，百姓大多放弃农耕，从事工商业，武帝为此忧心忡忡。一次，他对东方朔说：

“朕想教化百姓，你可有好的办法吗？”

东方朔马上道：

“陛下有心教化百姓，这是仁德之举，办法自然很多。”

东方朔见武帝细听，于是接着说：

“所谓上行下效，陛下一定要给百姓做出表率，否则，再好的办法也是枉然。文帝身穿粗丝袍，脚穿生皮鞋，用皮带系剑，铺蒲草为席，如此，天下望风成俗，淳朴敦厚。现在，陛下贪图享乐，大修宫室，演练歌舞。陛下如果不改变这样的作风，就难以教化百姓。”

武帝见东方朔建议自己要以身作则，十分不悦，他强辩道：

“朕贵为天子，岂能和百姓相比呢？你这是难为朕啊！”

东方朔动情道：

“臣也知道该如何讨取陛下的欢心，可臣不忍这么做，这都是为了陛下的大业着想。说些好听的话一点不难，难的是不做小人，对陛下大胆直言，请陛下体察。”

东方朔谈吐诙谐，擅长以谈笑的方式讽喻。许多人据此认为他奸邪，他们对武帝说：

“东方朔极不庄重，嬉皮笑脸，只会调侃。古时的君子并不是这个样子的，而他却以君子自居。这当是他奸邪的表现，陛下不可相信他。”

武帝有识人之能，他告诫众臣道：

“东方朔屡受你们的攻击，可他却没有一次说你们的坏话，世上有这样的奸邪之人吗？你们只是想着个人的私怨，而东方朔却时时为朝廷忧心，这才是东方朔与你们的不同之处啊！朕不看表象，只认其心，否则就要被你们的谗言所蒙蔽了。”

原文

小人不进忠。

译文

小人不会进献忠言。

释评

辨别小人是明世的重要内容，在此失察便会灾祸不断。小人以媚言为能，是最能迷惑人的，一旦相信他们，厄运便开始了。识别小人不能只听其言辞，也不能只看其一时的表现，而要审察他们的动机和内心。小人不会对他人忠诚，他们总是把自己的利益放在首位。为了达到目的，什么假话他们都讲得出来，而且丝毫没有良心的不安。相信小人的“良知”是幼稚的，也是危险的，对待他们必须慎之又慎。

事典

抗拒小人的刘好礼

元世祖时，刘好礼为益兰州等五部断事官。益兰州距离京城有九千多里，有人便对刘好礼说：

“大人治理偏远之地，十分辛苦。天高皇帝远，只要大人点头，何愁不能富贵呢？”

刘好礼警惕道：

“你是让我盘剥百姓吗？”

说话之人直言说：

“做官若不富贵，无异于入宝山却空手而返。现在大人无人管束，又何必自缚手脚？大人不要想得太多。”

刘好礼愤然而起，斥责道：

“朝廷在偏远地区设官，目的是抚恤远方百姓，我怎么能从百姓手中夺利呢？你出此坏主意，说明你是个小人。与你交往，有害无益，我岂能容你？”

刘好礼赶走了进言之人。他对自己的部属们要求说：

“小人只会迷惑我们，他们是不会口出良言的，不管他们说得如何动听，你们也切不可上当受骗。如有人为小人所惑，做下不法的勾当，我一定严惩不贷。”

刘好礼时刻提醒自己，别有用心之人都不敢打他的主意了。

至元十年（1273），北方亲王发动叛乱，刘好礼被抓到军中，受尽了折磨。叛军逼他归降，刘好礼拒绝说：

“我若投降了你们，便是无道无义的小人，如此我生不如死。我奉劝你们不要和朝廷作对，回头是岸。”

一位降官劝刘好礼道：

“你远在万里之外，纵有忠心，朝廷也无人知晓，你何苦守节呢？你若答应归降，马上富贵加身，这不是天大的美事吗？你不要太愚蠢了，应当做出明智的选择。”

刘好礼冷笑道：

“你背叛朝廷，你这样的小人会有什么好主意？按你的说法去做，只会令我身败名裂，这才是真正的愚蠢。”

降官费尽口舌，百般劝说无果。叛王手下的一位大将由此对刘好礼心生敬佩，他对刘好礼说：

“你随时都有性命之忧，为何还坚持不降呢？”

刘好礼正声道：

“听君子的教导让人受益，听小人的劝诱令人受害。我知道此理，自不会让小人得逞。”

大将说：

“大的祸患无过于死亡，你若保下命来，不是一件好事吗？”

刘好礼摇头说：

“苟延残喘，行尸走肉，这不是活着，也不是我所求取的。”

大将惊异于刘好礼的见识，对他更加礼敬。后来，大将竟将刘好礼释

放了。

至元十八年（1281），刘好礼被朝廷任命为嘉议大夫、澧州路总管。有人向世祖进言说：

“刘好礼曾为敌所俘，他的忠心令人生疑，陛下当慎用此人。”

世祖于是召见刘好礼，当面说出了有人怀疑他的话，后道：

“你为敌所俘为真，其心如何，不为人知。面对众大臣的疑惑，你有何说辞吗？”

刘好礼叩头说：

“臣无法自辩，只请陛下判断。臣相信陛下的英明。”

世祖见他如此说，先是一惊，后又释然一笑。他后来对百官们说：

“面对大的诬陷，只有正人君子才会不惊不辩，他是问心无愧啊！小人无事之时尚遮遮掩掩，何况大难临头时呢？据此观之，刘好礼的忠心和气节是不容置疑的了。”

世祖随后治了进谗者的罪。至元十九年（1282），世祖升刘好礼为刑部尚书，不久改任吏部尚书。

原文

心予君子，莫予小人。

译文

真心给予君子，不要给予小人。

释评

真心不能随便予人，对小人真诚无欺就是一种自戕。明世首先要知晓人世的复杂，要了解一味的善良等同于迂腐，在这方面一定要有变通的思想。对君子进言可以畅所欲言，对小人推心置腹便凶险了。好心未必会得到好报，小人是不会对他人的真心投桃报李的。小人的阴暗心理和多疑性格决定了他们不会相信任何人，纵是对他们有益的忠言，也会被当作耳旁风，甚至会因此记恨进言者。

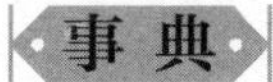

安重诲的愚忠

安重诲

五代时后唐大臣。少事李嗣源（后唐明宗），随从征战，颇见亲信。嗣源即位，历仕枢密使、左领军卫大将军，累官侍中，兼中书令。后渐为明宗嫌忌，遂罢枢密使，以太子太师致仕。不久，以离间罪被杀。

镜 鉴

如居上者喜听媚言，直谏难免惹祸上身。

五代后唐明宗在位时，安重诲当了枢密使，不久又升为左领军卫大将军。

安重诲跟随明宗征战多年，对明宗总是直言相谏，毫无顾忌。他的一位下属曾当面劝他说：

“将军和皇上说话不能事事直言，我担心这会给将军带来厄运。皇上疑心重，将军不能过于随便啊。”

安重诲一笑道：

“皇上未登基时，我便追随在左右，皇上是不会猜忌我的。何况皇上了解我的性格，我用不着怕这怕那。”

一次，县令刘知章犯有小错，明宗命人把刘知章押解到京城，要治他死罪。满朝文武无人敢为刘知章求情，只有安重诲直言劝谏明宗说：

“陛下因怒杀人，只会带来嗜杀的恶名，这对陛下是不利的。朝廷有朝廷的法度，陛下依律惩戒他一下便可以了。”

安重诲的这番说辞，让明宗更加生气。他恨声说：

“朕连一个小小的县令都杀不得吗？朕的事用得着你来管吗？”

安重诲回敬道：

“眼见陛下有错而不进言劝谏，就是奸邪之人。臣只为陛下的清誉而力争。”

明宗一脸怒气地离开了。其他大臣私下劝安重诲道：

“你说得没错，可在皇上眼中，你这是在挑战皇上的威严，是犯了大罪。你应该马上向皇上谢罪。”

安重诲仍道：

“对错明摆着，本不用我多说。你们只知顺从皇上，可这样只会令皇上遭人非议。”

安重诲的一位朋友深夜入府拜见他，正色道：

“你这个人只知对错，不识时务，早晚必惹大祸啊！皇上喜怒无常，愿听媚言，你对皇上抛出一片真心，只怕是找错对象了。你为什么不能灵活一点呢？”

安重诲感叹道：

“我深受皇恩，弄虚作假便是欺骗皇上，我无论如何也不会这样。你说皇上不可信任，我的看法和你恰恰相反。”

朋友急道：

“你看似聪明，其实天真幼稚，我与你无话可说了。”

虽然安重诲没有因此获罪，但明宗却暗恨安重诲，开始疏远他。安重诲后来被人诬告，明宗马上紧张起来，他召见安重诲，质问道：

“听说你暗地里网罗党羽，还偷偷地买兵器，有这样的事吗？”

安重诲回答说：

“臣分明是受到了诬陷，陛下应该为臣做主。现在有坏人捣鬼，臣是被冤枉的。”

明宗仍是不信，他对近侍说：

“安重诲手握大权，又屡屡顶撞朕，这样的人怎能令朕放心呢？”

侍卫指挥使安从进、药彦稠等人同情安重诲，他们劝谏明宗道：

“安重诲侍奉陛下三十年，从小事到大事，没有不尽心的。说他谋反叛逆，臣等万难相信，臣等愿用全家性命为他担保。”

众人的求情总算打动了明宗，明宗最后决定不惩办安重诲，但心里对他更生嫌隙了。

安重诲从此心有余悸，却改不掉直言的习惯。明宗也因此越发厌恶他。后来，安重诲离官居家，明宗仍存疑心，竟命人杀害了他。

原 文

人不可尽信。

译 文

人不可以全部信任。

释 评

人有善恶之别，物有优劣之分，在混沌纷繁的人世间，练就一双慧眼十分重要。对谁都猜疑不对，对谁都信任亦错，信任必须建立在知人明世的基础上。人的品性平时难以甄别，但在大是大非面前，一个人的本性便会显露出来。在关键之时变节的人是十分可怕的，所造成的后果也是十分严重的。

事 典

不识奸人的徐有贞

景泰八年（1457）正月，明景帝重病，石亨等人密谋迎立英宗复位。

时任左副都御史的徐有贞善谋略，名声在外。石亨为了成事，专程拜访他，请他一同举事。石亨说：

“为人当立奇功，方可流芳百世。大人一身才学，岂能默默无闻呢？如今机遇既来，大人万不可错过啊！”

徐有贞听石亨把计划一一道来，怦然心动，随后答应了下来。

石亨走后，徐有贞的家人对他说：

“石亨为人奸诈，你怎能轻信他呢？即使事情有成，石亨也不会容你；如果事情败露，你就祸不可测了。”

徐有贞十分自负，他傲然道：

“我见石亨颇有诚意，此事又千载难逢，只有相信他，才能成就我的功名。这件事不能想得太多，当机立断是最重要的。”

徐有贞为石亨出谋划策，十分卖力。后来，英宗复辟成功，徐有贞也获得了高位。

徐有贞得到了英宗的赏识，石亨等人十分嫉恨，他们联手攻击徐有贞。一日，石亨私下进谗言说：

“徐有贞自恃为陛下立过功，行事专横，目中无人，可见他对陛下也是轻视的，陛下对他不可骄纵。”

英宗吃惊道：

“你们都是朕的功臣，你们之间还有什么怨仇吗？”

石亨巧妙地回答道：

“臣等也是现在才知他的为人，只恨从前被他欺骗了。”

徐有贞得知石亨攻击自己，又惊又怒，他找到石亨说：

“你从前拉我入伙，好话说尽，如今转眼视我为敌，这是为何？”

石亨竭力否认，赔笑道：

“你是朝廷的大功臣，皇上又特别倚重你，我怎会与你结怨呢？以后还要仰仗你的抬爱，那种傻事我是不会做的。”

石亨一番甜言蜜语，骗过了徐有贞。徐有贞还对石亨道歉说：

“这是奸人的把戏，只怪我一时情急，竟错怪你了。”

徐有贞的一位好友见他仍旧相信石亨，遂指点他说：

“不是谁都可以信任的，尤其是势利小人石亨。石亨分明是怕你夺了他的宠信，才会向你下手。可叹的是你竟然还相信他，你应当醒悟了。”

徐有贞将信将疑。

英宗和徐有贞言事，时常屏退左右而与之密语。石亨等人买通小宦官，让其窃听谈话。石亨得知他们的谈话内容后，便故意将其泄露给英宗。英宗感到十分震惊，问从何处得知这些内容。石亨等人便道：

“这些话全是徐有贞所说，现在文武百官无人不知了。”

英宗十分愤怒，他对近侍说：

“看来徐有贞不可信任，他这是在故意显示自己啊！如此一来，他又把朕置于何地呢？此人实在可恨。”

英宗对徐有贞疏远起来，遇事也不和他商议。有人提醒徐有贞说：

“皇上久不召你议事，这是不吉之兆，你有什么想法吗？”

徐有贞认为事属平常，他淡淡地说：

“朝中并无大事，皇上也有偷闲的时候，这有什么值得奇怪的？如此一来，我也清闲了。”

见徐有贞不察不问，石亨等人暗自高兴，更加卖力地诋毁他。

御史张鹏想弹劾石亨，奏疏没等呈交英宗便为石亨知晓。石亨借机对英宗哭诉说：

“张鹏等人和臣并无仇怨，这一切全是徐有贞暗中指使。徐有贞为了独揽大权，早把臣视为眼中钉了。”

英宗马上变色，下令逮捕了徐有贞，随后又将他流放金齿卫。

原文

言不可尽献。

译文

心里话不可和盘托出。

释评

诚实并不意味着对人毫无保留，没有隐私。拿捏好此中分寸，当是一个成熟的人所必须具备的素质。人心难测，这是人所共知的事实；有所顾忌，才能防患于未然。放言无忌，轻易地泄露自己的秘密，一旦为人利用，困厄便降临了。

事典

犯颜苦谏的钱陈群

钱陈群

康熙六十年（1721）进士，授翰林院编修。雍正时，因赴陕西等地宣谕讲经，安抚百姓，被雍正称赞，五升其官职。乾隆时，任顺天府学政、刑部侍郎等职。为官有政绩，奖掖后进，多有上疏建言。

镜　鉴

过刚易折，一味刚直劝谏，会触犯居上者的权威。

乾隆帝在位时，内阁学士钱陈群屡上建言，所言多是他人所不敢进谏的。乾隆帝几次为钱陈群的直谏发怒。一次，他训斥钱陈群说：

“朕贵为天子，朕的言行岂容你随意品评？”

钱陈群反驳道：

“歌功颂德人人能为，不缺臣一个，臣只想言他人所未言之事，以使陛下看到全貌，免生骄气。臣知无不言，这是尽忠。陛下因此生气，臣实难理解。”

乾隆帝更加生气，他指着钱陈群数落道：

“你一直标榜自己是个忠臣，难道别人都是奸臣吗？你的话总是令朕感到不快，你就不能说些令朕高兴的话？忠臣绝不是处处和朕唱对台戏的，心里话也不是不假思索便随意乱说的，看来你是个不懂大道人情的人啊！

这方面你必须加以改正！”

看着钱陈群为皇上所厌弃，他的亲人无不为他担惊受怕。他们劝告钱陈群说：

“平常人尚且不喜欢别人揭自己的短处，何况是皇上呢？只说真话并不能都收到好的效果，善意的谎言和心中的隐秘一定要区分开来，该说则说，不该说则不说。这样，你才能适应社会，不与人结怨，不招人忌恨。”

钱陈群听完后怒气冲冲，他高声道：

“我掌管朝廷的章奏之事，对皇上进言是我的职责，我怎能加以隐瞒、有所保留呢？我进言不是为了讨取皇上的欢心，而是为朝廷分忧，为百姓请命！”

钱陈群认准此理，行事无丝毫改变。乾隆帝一次动怒要惩办他，对群臣说：

“所谓忠臣也有该杀之时，做皇帝的为何就要忍受所谓忠臣的无尽指责呢？钱陈群一向以忠臣自居，对朕无礼，朕实在难以忍受了！”

群臣知道乾隆帝真的动了气，无人敢出面为钱陈群求情。钱陈群傲气上来，竟对乾隆帝说：

“臣也认为忠臣难当，如果陛下这般讨厌臣，那么臣也不想活了。”

乾隆帝不想钱陈群说出此言，反好奇道：

“是你惹朕不快，为臣有失，难道是朕难为你吗？”

钱陈群感到委屈，竟当堂大哭，令人听来悲切。

乾隆帝心中一颤，不忍治钱陈群的罪。他摆手退朝，群臣这才把钱陈群扶起，并纷纷劝解他。

钱陈群大病一场，他对家人说：

“我这些日子反复思量：难道真是我错了？我一心为皇上和朝廷着想，这份苦心怎么会无人理解呢？我若是一味地说好话，将置朝廷弊端和百姓生死于何地呢？”

家人开导他说：

“你的出发点是好的。可是身为臣子，向皇上进谏，一定要注意分寸，不然皇上即使内心认为你言之有理，在情理上也难以接受你进谏的方式。”

钱陈群长出一口气，后道：

“你是说到点子上了，我如此单纯固执，不适宜在官场做事啊！皇上若不是英明之主，我这颗脑袋只怕早就掉了，我还抱怨什么呢？”

钱陈群又思及自己年老体弱，身患反谷疾，于是心生退意。他给乾隆帝上疏，请求解除他的官职。他说：

“臣愚钝已极，只想直抒胸臆，不会为陛下着想，以致陛下不悦，这都是臣的大罪。臣想来想去，唯有请辞谢罪。”

乾隆帝挽留钱陈群说：

“你本性忠贞，朕虽生气，但并不痛恨你，朕指出你的缺点，却没有不容你之意。你大可留下，改正缺失就是了。”

钱陈群去意已决。他又多次上疏，反复恳求说：

“陛下能宽恕臣，但臣实难原谅自己，臣自知修养不够，当加强学习，努力精进，臣实不堪大任。”

钱陈群如此求去，乾隆帝最后恩准了，并赐诗宽慰他。

原文

功非言成，成乃实也。

译文

功业不是仅凭言辞就能造就的，成功重在依靠实力。

释评

言辞的作用不可无限夸大，没有实力做依托，善言的人只能当个说客，而不能成就功业。增强自身的实力，才能拥有更大的话语权。否则，人微言轻，纵是金玉良言也很难为人重视。因而，人们就该摒弃空谈而务其实。

事典

注重实际的徐士林

康熙五十二年（1713），山东文登人徐士林考中进士，被授予内阁中书一职，负责缮写诰命敕书。

许多人向徐士林表示祝贺，徐士林却忧虑地说：

“朝廷人才济济，我担心自己的才能不够，一旦失职，便会大祸临头。一想到此处，我就感觉如履薄冰啊！”

徐士林为官之后更加勤奋，做事不敢有一丝懈怠。他的言语也十分慎重，生怕给别人留下浮夸的印象。

一日，一位同僚问他说：

“你已功成名就，为何不放纵一下自己呢？你这样勤勉实在没必要。”

徐士林认真道：

“我只是一个从七品的小官，如果这算功成名就，那么只会令人笑话。我如果不甘做个小吏，就得增加自己的才干，哪能放纵呢？”

同僚一笑说：

“你能说会道，这便是你的优势，可惜你不懂运用，岂不是不识世情？埋头苦干无用，你还是在此多用心吧！”

徐士林反驳道：

“你说的只是投机取巧之术，绝不是长久制胜之道，我不能苟同啊！”

徐士林仍坚持自己的主张，后来升任礼部员外郎。

雍正十年（1732），徐士林在任江苏按察使时，因为偏听偏信，犯了失察之罪，被贬为福建汀漳道员。人们替他惋惜，徐士林却自责说：

“我仕途顺利，思想上放松下来，做事也不严谨了，受些挫折是应该的。这也提醒我任何时候都不可懈怠，凡事都要加倍小心。”

漳州的风俗好争勇斗狠，凶犯常拥众占据山岭，对抗官兵。每遇这种情况，往往会死伤多人，府衙的声誉也大为受损。

徐士林就此对属吏说：

“我一向痛恨凶恶之徒，但这并不表明我是主张一味发兵围剿的。我们有朝廷做后盾，还是先抚后剿为妥，这样可以避免无辜的人受伤害。”

一位属吏说：

“凶犯很难说服教化，一旦有失，就会影响大人的威信。大人这样做，不是舍近求远吗？”

徐士林解释道：

“我知道劝说不一定都有效力，但不加劝说，我们就有不仁之嫌了。为了多数人免去一死，此法值得一试。如若凶犯顽抗到底，自要动用武力惩治他们。”

徐士林在规劝的同时，还派精兵扼守险要山隘。他对官兵们说：

“抓捕凶犯不可心存侥幸，我虽派人规劝，但你们不可不严加戒备。只要我们没有失误，凶犯就会得到严惩。”

由于徐士林处处有备，抗拒官兵的人失去了斗志，他们互相议论说：

“官军围困我们，现在不发动进攻，是在给我们生机，我们哪能不听规劝呢？”

抗拒官兵的人于是投降了。从此以后，凶犯再也不敢占山对抗官兵了。

徐士林在乾隆年间任江苏巡抚。当时，湖广遣送山东来的流民回老家，途经江南，流民依仗人多势众，扰乱百姓的正常生活。徐士林为此上疏说：

“真正的灾民，是应该得到朝廷接济的。朝廷应该给路费送他们回原籍，重操旧业。至于游手好闲之徒，朝廷不仅不该资助他们，还应该加以训诫。如若有人犯法，朝廷定要加以惩治，以儆天下。”

朝廷接到他的奏疏，不少大臣表示反对，唯恐激发民变，而乾隆帝却肯定了徐士林的条疏。乾隆帝说：

“治国治民要恩威并举，不能因为怕出事端就姑息迁就。朕认为徐士林有胆有识，他的方法是行得通的。”

最后，流民问题得到圆满解决。

原文

人非言亲，亲乃行也。

译文

仅凭言辞无法使人感到亲近，令人亲近的在于实际行动。

释评

人要有所收获，首先必须付出，如此才能事业有成，赢得声誉。空言许诺是令人厌恶的，只会给自己带来诸多麻烦。重在行动，不是轻视言辞，而是要把言辞落到实处，真正达到言行一致。没有行动，再好的言辞也是无用的。

事典

鲁肃的豪举

东汉末年，鲁肃出生在一个士族家庭。鲁肃幼年丧父，由祖母抚养长大。

鲁肃长大以后，不愿在家经营自己的产业，他对朋友说：

“现在天下大乱，有志向的人应该成就大业，拯救百姓，我不能做一个守财奴。”

朋友问他说：

“你有何具体打算？”

鲁肃答道：

“欲成大事，一定要得到民心，令人感到亲近。我现在应该做的不是花言巧语骗取人们的好感，而是要给他们实惠，赢得他们的支持和信任。”

鲁肃要散发家财。他的朋友连忙阻止鲁肃说：

“乡人愚钝，以你的言辞不难打动他们，你不必付出这样大的代价。”

鲁肃执着道：

"我不付出，就没有诚意，这和骗人有何不同？乡人心中雪亮，不可欺骗。没有实惠，他们只会冷眼旁观。"

鲁肃于是接济乡人，分发钱粮。当地百姓都赞颂他的仁德。

周瑜做居巢长时，专门拜访鲁肃，请他资助粮食。周瑜对鲁肃说：

"听说先生大仁大义，在下这才前来打扰，恳请先生关照。"

鲁肃问明情况，马上说：

"大人是为朝廷办事，我怎能令大人空手而归呢？这件事就交给我好了。"

鲁肃家中有两个米仓，每仓装有三千斛米。鲁肃对管家说：

"周大人情况紧急，我应该帮助他，给他一仓米好了。"

管家一听跳了起来，尖声道：

"先生给得太多了！先生和周瑜只是初识，并无交情，应付他一下就可以了，为何给他这么大实惠呢？"

鲁肃慢声说：

"正因如此，我才要令他惊喜，留下不灭的印象。我见周瑜气度不凡，必是成大事之人，如此之人我定要结交。不计得失，这样方能交到知己啊！"

周瑜不想鲁肃如此豪爽，顿生敬佩。他从此和鲁肃无所不谈，结为挚友。

袁术听到鲁肃的仁德之名，请他当东城县长。鲁肃曾犹豫道：

"我对袁术，只闻其名，不识其德、其能，我怕投错了人哪！"

朋友劝他说：

"你广施仁义，这才有今天的名望。袁术为一方豪杰，想必有大志，你投靠他不会有错的。"

鲁肃于是前去赴任。袁术召见了鲁肃，一见面便开口道：

"我重用你，是想让你为百姓谋利，绝不是为我个人打算，你尽可大胆做事。"

鲁肃心中一亮，他表示说：

"大人如此心胸，鲁肃相见恨晚，我一定不负大人厚望。"

鲁肃办事认真，对各项弊端都加以纠正。一位下属进言说：

"这些都是袁术亲手制定的政策，你一一更正，不是和他作对吗？你初来乍到，不明情由，特来相告。”

鲁肃大吃一惊。他暗中观察袁术，见他表里不一，实乃奸诈刻薄之徒，不由生出反悔之意。鲁肃对随从说：

“若不亲见袁术，我又怎知自己受到愚弄了呢？袁术不是我要投靠的明主，他太令我失望了。”

鲁肃离开了袁术，向南到居巢去归附周瑜了。

鉴人卷第二

人伪则矜，人贱则讳。

人困则乱。

媚上者欺。

弃友者奸。

绝亲者祸。

人善，勿患谗也。

人非善变，乃不识也。

人非好恶，乃欲多也。

怨不及慎矣。

- 通过分析一个人的言语，可以审视其人品。
- 人在穷困、失意的时候，容易言行失当。
- 交朋友，贵在诚实无欺。
- 一个人如果连最亲近的人都不能相容，那么一定是薄情寡义之人。

原 文

人伪则矜，人贱则讳。

译 文

虚伪的人善于夸耀，贫贱的人往往更懂得忌讳。

释 评

不同的人有不同的言语特征，听其言便可审视其人品，这是识人的有效方法。虚伪的人虽然极力掩饰自己，但他们善于夸耀的特点总是存在的，只要认真观察，一定会有所察觉。虚伪的人不可深交，他们虚伪浮夸的背后，往往是诱人上当的险恶用心，这是人们一定要加以提防的。讳言是良好的保身之道，懂得忌讳，能更好地躲避凶险。

事 典

失望的田豫

东汉末年，群雄逐鹿。渔阳人田豫投靠了公孙瓒，一心为他出谋划策。

王门是公孙瓒手下的一员大将，很得公孙瓒器重，被委以重任。一次，在酒席上，王门对公孙瓒表决心说：

“主公英才盖世，他日定会大有作为，下官竭尽心力，当不会令主公失望。”

公孙瓒大喜，亦道：

“你有如此雄心，又对我忠心耿耿，我又有何忧虑的呢？”

酒宴过后，王门十分得意，他又私下召集心腹饮酒作乐，直到天亮方散。

第二天，田豫对公孙瓒说：

“王门昨日所言，主公信以为真吗？”

公孙瓒随口说：

“王门作战勇猛，更难得的是他的一片忠心啊！”

田豫接着道：

“依在下看来，王门处处逞能，言过其实，这是虚伪之人的伎俩，王门不值得主公信任啊。如此之人只会说谎，一旦到了关键的时候，必生事端，主公还是莫信其言为好。”

公孙瓒一笑说：

“你投奔我不久，想必对王门知之尚浅，他是不会背叛我的。何况你只是凭借片言只语去判断，这岂能为准呢？”

公孙瓒仍是重用王门。田豫心中焦虑，他对同僚说：

“奸人只会骗取人们的信任，他们哪里有什么忠义？只是时候未到，他们才不敢暴露自己的本性。真替主公担忧。”

田豫为东州的县令时，王门背叛了公孙瓒，替袁绍带领一万多人来攻打东州。东州兵力薄弱，很多人主张投降。田豫愤怒地斥责他们，大声说：

“王门实是小人，他表面上气势汹汹，其实都是假象，我们为何要怕他呢？我们只要鼓足勇气，就一定能战胜他。”

田豫登上城楼，对王门说：

“我早就看出你为人奸诈，可惜主公为你迷惑，这才会有今日的祸患。你一个奸诈小人，卖主求荣，为人所不齿，我瞧你不起，你尽可放手来攻吧！”

王门见田豫毫无惧色，心中慌乱。他不敢正视田豫，最后竟不战而走。

田豫吓退了王门。不想公孙瓒却对田豫起了疑心，他对亲信说：

“王门引兵来攻，怎会无故退兵？莫非田豫和王门有所勾结？”

亲信嫉恨田豫，趁机道：

“此事令人费解，主公不可不察。田豫若有二心，更对主公不利了。”

于是，公孙瓒并不嘉奖田豫，只对田豫说：

“你这个人很有谋略，做事让人大出意外，但你不可以此为能，生出骄纵之心。”

田豫见公孙瓒暗含责备之意，深为失望。他对部下说：

“主公不听谏言在先，今又责怪我在后，我实在是寒心啊！”

部下道：

“主公自视过高，刚愎自用，大人的忠言主公是听不进去的。大人若想让主公满意，何不换一种做法呢？”

田豫打断他的话，说：

“我知道你的言外之意，可我又怎会改变自己的做人原则去迎合主公呢？这不是我的错，而是主公不辨忠奸哪！”

田豫此后多次劝谏公孙瓒，他说：

“成大事者，重在识人用人，而这都是需要明断的。听其言，观其行，这是有效之法，万不可凭个人好恶而轻易下结论。”

公孙瓒认为田豫是在讽刺自己，他冷冷地对田豫道：

“你有如此见识，当在我之上，我可否把大位让给你呢？”

田豫心中叫苦，对公孙瓒彻底失望。后来，公孙瓒果然失败了。

原文

人困则乱。

译文

人在穷困的时候言行往往会失当。

释评

鉴人要有全面的眼光，在特殊情境下，不可因一件事而轻易做出结论。人都有穷困、失意的时候。此时，人们若言行失当，只要不是大错，宽恕和谅解还是必要的。理解人才能更好地结交人，同情人才能更好地团结人。不分情由地看事对人是僵化的，也是易有缺失的。

事典

被留用的李东阳

李东阳

明代中后期茶陵诗派的核心人物，诗人、书法家、政治家。立朝五十年，柄国十八载，清节不渝。

镜　鉴

与其对抗而灭亡，不如潜伏而行善。

明武宗刚即位时，宦官刘瑾进入司礼监，掌握了朝廷大权。大臣李东阳与刘健、谢迁同日提交了辞呈。宫中传出圣旨，同意刘健、谢迁辞官，而独留李东阳。

刘健听到这个消息，遂对谢迁说：

“李东阳能留在朝中也是好事，他可以继续和刘瑾抗衡。”

谢迁不满道：

“李东阳分明是爱恋权位，辞意不坚，否则皇上怎么会留下他呢？万不能指望他对抗刘瑾，我看他是临阵退缩了。”

刘健直言说：

“事关荣辱生死，李东阳有所保留也是人之常情，不能苛求他。我看李东阳只是一时怯懦，这才说了一些软话，我们不要过多地指责他了。只要他良心未泯，我们就该相信他，鼓励他。”

刘健、谢迁临行之时，李东阳为他们饯行，放声大哭。刘健对李东阳说：

“你有你的考虑和难处，但你不可一味软弱。你要担当起朝廷除奸的大任，我们并没有对你失望。”

李东阳默默无言，心中却涌上一股热流，无比的温暖。

刘瑾打击忠直之士，李东阳委曲避祸，不和刘瑾对抗。他对家人说：

“我身为大臣，不能铲除奸党，实在是愧对朝廷啊！时下敌强我弱，我不能白白送死，还是等待时机吧！”

刘瑾的死党焦芳嫉妒李东阳的职位高过自己，向刘瑾进谗说：

“李东阳表面上顺从大人，实际上和大人并不是一条心，他是一大隐患，不可不除。”

刘瑾认为李东阳胆小怕事，且有利用价值，于是说：

“李东阳素有名望，他既然不和我作对，我又何必难为他呢？何况，也不能把朝中官员全部驱逐了，留下他做做样子也好。”

刘瑾十分凶暴，肆意乱政。李东阳委婉地加以规劝，希望有所补救。有人据此认为李东阳投靠了刘瑾，背地里不停地咒骂他。李东阳知道后苦叹说：

“危难时刻，我不改变一下自己，恐怕连自己都难以保全，又怎能让朝廷减少些损害呢？人们不明真相，他们错怪我了。”

副使姚祥、郎中张玮、给事中安奎、御史张彧等人遭刘瑾迫害，被投入大牢，差一点被折磨而死。李东阳极力相救，他对刘瑾说：

“大人和这等小人生气实在不值，如果饶他们不死，那么只会增加大人的威望。而且许多大事都还等着大人办理，大人不该为这等小事而分心哪！”

李东阳极力吹捧刘瑾，说得刘瑾大乐，这才使他们免于死难。

侍郎罗玘写信给李东阳，劝他早日退出朝廷。罗玘说：

“你投靠刘瑾，我都为你感到羞辱，你又有何面目见人呢？你只为自己的前程着想，不为正义抗争，天下人终会讨伐你的。不如趁早回乡，或可减少罪恶。”

李东阳看到罗玘的来信，没有出声，只是低头叹息。

刘瑾被诛后，不少人主张惩治李东阳，他们说：

“李东阳依附刘瑾，委身奸党，这便是对朝廷不忠。现在刘瑾伏法，李东阳亦应受到惩罚。”

李东阳也上疏自责，他说：

“当初刘瑾势大，臣惧祸胆怯，方有种种不端之言行，今日想来实在汗颜。臣不求人谅，请陛下责罚。”

武宗的看法与众不同，他对群臣说：

“刘瑾为祸朝廷，连朕都被他欺骗了，可见此人凶狠狡诈。当时人人自危，想保全自己，就免不了随声附和。李东阳并不是真心依附刘瑾，他暗中保全了不少忠臣的性命，仅从此节，便见他绝不是刘瑾的同党了。朕不能在此计较过多，李东阳还是要留用的。”

李东阳继续受到重用，朝廷政事为之一新。

原文

媚上者欺。

译文

谄媚上司就是欺骗上司。

释评

封建官场谄媚成风，把谄媚视为忠诚，也是所有昏庸之主的一大表现。谄媚之辞是不实的，是会令人产生骄纵之心的。说这种话的人不管出于何种目的，由此产生的效果都是负面的。对媚上者信任，无疑是在打压真言，鼓励小人。比起恶言恶语，谄媚的欺骗性和危害性反而更大。

事典

晋武帝的偏信

西晋武帝晚年时，太子司马衷痴愚不堪，而其他几个皇子年龄尚幼。武帝为此十分忧虑，日夜难眠。

一日，武帝对中书监荀勖说：

“太子恐不堪大任，朕担心将来会生大的变故，你有何良策？”

荀勖讨好武帝说：

“太子大智若愚，其实才智远超常人，陛下不必为此担心。陛下一世英明，太子岂能落后于人？”

武帝知道他是在吹捧太子，取悦自己，可他并不反感，随后道：

“话虽如此，但治理国家不比其他，朕还是放心不下啊！”

荀勖见武帝没有责怪他，更加大胆起来，小声说：

“臣只担心一件事，不知当讲不当讲。”

武帝点头，荀勖进言说：

“齐王名望颇高，人们对他寄予厚望，臣担心他日后会成为太子的大碍。太子仁慈，臣只怕齐王不是这样。”

齐王司马攸是武帝的弟弟，才德俱佳，为众所服，许多大臣都认为皇位应当交给司马攸。武帝亦知此情，这也是他心中的一大症结。

武帝被荀勖说到了痛处，他故作不悦之状，斥责说：

“齐王乃朕的亲弟，他一向忠心于朕，焉会反叛？你竟敢攻击齐王，口出恶言，朕岂能信你？”

荀勖并不慌乱，他马上说：

“不是臣怀疑齐王，而是担心齐王受别人蛊惑利用。天子之位实在诱人，臣这是在提醒陛下早做防范啊。”

武帝令荀勖告退，心中却有了打算。第二天，他召见了侍中冯紞，直接问他说：

“荀勖昨日劝朕防备齐王，你以为朕当如何呢？”

冯紞一向和荀勖有勾结，他不假思索地对武帝说：

“群臣都夸赞齐王贤德，这分明是贬损太子，可见齐王实是太子最大的威胁。臣认为荀勖所言不错，他是在为朝廷进献忠言，陛下理当采纳。”

武帝面无表情，又道：

“你不是在奉承太子吗？”

冯紞大声说：

“太子英明，人所共知，只是别有用心之人不愿承认罢了。陛下不可相信流言，对太子失去信心。”

事后，冯统找到荀勖，二人密谈多时，都主张设法赶走齐王。冯统说：

“齐王一向瞧不起我们，说我们只会谄媚皇上。他若为帝，我们就要大祸临头了。我们一定要说服皇上，拉齐王下马。”

荀勖、冯统联合起来，不停地向武帝进谗。朝中一位大臣唯恐齐王受害，他私下向武帝进谏说：

“陛下对太子和齐王的才能心知肚明，而荀勖和冯统却公开欺骗陛下，他们分明是对陛下不忠啊！就算他们口口声声说是为陛下着想，陛下也切不可相信！一个人若胆敢欺骗陛下，他是什么事都会做出来的。”

武帝心向着太子，听不进他人的忠告，只是冷冷回道：

“这件事朕自有主意，你们做臣子的就不要多言了。”

武帝对齐王放心不下，于是下诏令齐王离开京城，返回封地。齐王知道自己为人诬陷，因愤怒而病倒了。离京后的第二天，齐王就吐血身亡，年仅三十六岁。

原文

弃友者奸。

译文

背弃朋友就是步入奸邪。

释评

交友之道贵在诚实无欺。对朋友两面三刀，实际上已然步入奸邪之道了，这是十分可怕的。一个人是好是坏，全由其言行主宰。可以说，奸邪与否由自己抉择，他人只是加以评判而已。背弃朋友就是出卖良知，这是一种丑行，是道德败坏的表现。认清这一点，人们才能时时警戒，免受其害。

事典

诚心劝诫的段秀实

段秀实

唐代名将。安史之乱后，授泾州刺史，兼御史大夫，四镇、北庭行军，泾原、郑颍节度使，总揽西北军政。后加封检校礼部尚书、张掖郡王。不久被贬回长安。泾原兵变时，当庭勃然而起，以笏板击朱泚，旋即被杀。

镜　鉴

世上不乏诤友，唯虚心听劝者鲜有。

唐玄宗天宝四年（745），段秀实跟随大将高仙芝征讨大食。副将李嗣业是段秀实的好友，他对段秀实说：

“我立志建功立业，只要我打胜了这一仗，就可以如愿了。”

段秀实提醒他说：

“打仗胜负难料，切不可有麻痹轻敌的念头，你还应做好艰苦迎敌的准备啊！”

一战下来，高仙芝的队伍被打散。李嗣业竟贪生怕死，临阵脱逃了。

夜里，段秀实和李嗣业相遇了。一见面，段秀实就气愤地说：

“你畏敌逃跑，不是勇士；你只求自己免死，却把士兵和朋友丢给敌人，这不是仁义。你现在已步入了奸邪之途，如不及时悔改，不仅我会唾弃你，而且天下人都不会容你，你将成为千古罪人。”

李嗣业争辩说：

“敌人势大，与之硬拼只会白白送命，我不想这样枉死啊。”

段秀实制止了他，说：

“你的行为已说明了一切，为什么还要给自己找借口呢？你已经错了，应当认识错误，不可再执迷不悟了。”

段秀实的告诫使李嗣业醒悟过来，他惭愧地说：

“不是你的当头棒喝，我怎能知道自己堕落至此呢？我的确是误入了歧途，应该马上悔改。”

李嗣业于是和段秀实一起，招集逃散的士兵，重新组织起队伍，回到了安西。

李嗣业私下里向高仙芝请罪，他说：

“我有脱逃之罪，若不是段秀实规劝，我已成国家罪人，万劫不复了。我上对不起朝廷，下背弃了朋友，请大帅重罚。”

高仙芝见李嗣业主动承认罪责，便释然地对他说：

“你犯错在先，难得悔改在后，我就原谅你一次。你有段秀实这样的挚友，是你的福气，你要珍惜啊！”

李嗣业请求提升段秀实的官职，他流泪诉道：

“我一个罪人，一般人早就离我远去了，又怎会苦口婆心劝说我呢？仅从此节，便可看出段秀实绝不是奸诈势利之辈。像他这样品行高贵的人实在不多，大帅若重用他，定可建立功勋，成就美名。”

高仙芝点头道：

“此人大仁大义，有胆有识，我为之动容，应当成全他的功名。”

高仙芝于是提升段秀实为判官，遇事都和他商议。

肃宗在灵武时，命令李嗣业带领安西军五千人来护驾。安西节度使梁宰想保存实力，不愿出兵，他对李嗣业说：

“安禄山作乱以来，领兵将帅都想保存自己的实力，以为争雄之本。我反复思量过，我也应该这样，现在还不能把实力拼光。”

李嗣业见梁宰不同意出兵，也有了自己的私心，他附和道：

“将帅无兵，便无权无势了，我们还是观望待变吧！”

段秀实听说这件事后，找到李嗣业，问他说：

“你身为将领，难道只为个人打算，而置皇上安危于不顾？若是这样，我这个朋友也会与你断交的。你这样做，和大奸大恶之人的做法有什么两样？”

李嗣业心虚，低头不语。段秀实拉他坐下，耐心地说：

“对朋友不能做出不义之事，君臣更不能各怀私心，时下正是你建立大功之时，你的做法且不说会与功名失之交臂，还会遭人唾骂。你对我尚且存有恩义，难道对皇上就不知道报恩吗？”

李嗣业被段秀实这一番话说通了，马上向梁宰请求出兵。

李嗣业后来因功做了节度使，他不忘段秀实的劝诫之恩，让他担任了自己的副职。

原文

绝亲者祸。

译文

断绝亲情就是自取祸殃。

释评

对亲人恶语相向、冷酷无情，这是走向厄运的先兆。一个连最亲近的人都不能相容的人，注定是薄情寡义的，人们不能与之深交。在亲人困厄之际伸出援手，拯救的不仅是亲人，更是自己的良心。亲人之间不会故意讨好对方，即使有时言语过激，也多是善意的，切不可曲解。

事典

不念情分的唐高宗

唐太宗时，太子李承乾被废黜，太宗想立晋王李治为太子。但太宗一时也难以决断，他对大臣长孙无忌说：

“你是晋王的舅舅，当知晋王的才能，他有治国之才吗？”

长孙无忌表态道：

“晋王仁爱忠厚，群臣交口称赞，这是真正的君王之能，陛下不必计较其他末技。我相信晋王是不会令陛下失望的，陛下不可再犹豫了。”

太宗后来对李治说：

“朕决定立你为太子，这都是你舅舅极力保荐的，你不要谢朕，你要谢你的舅舅，要把他对你的恩情永记心中。”

太宗让长孙无忌做了李治的老师。长孙无忌在各方面悉心教导他，李治深有感触，他常常对长孙无忌说：

“舅舅对我有厚恩，他日我一定好好报答。”

后来，太宗又想立吴王李恪为太子。长孙无忌和太宗力争，他反对说：

“太子毫无过错，如果无端被废，那么天下必定会非议陛下，这是有害无益的。何况太子大有长进，仁德无人可比，陛下不该横生事端，摒弃贤良。”

太宗生气道：

“朕是太子的父亲，朕这样做也不是害他，你为何如此动怒呢？”

长孙无忌说：

“臣是太子的舅舅，保护太子更是臣的职责。臣若不念亲情，只知顺从陛下，天下人便会说臣无情。无情之人势必难忠，陛下不想臣做这样的人吧？”

太宗为长孙无忌的直率和忠心所动，于是打消了废太子之念。

太子后来继承皇位，是为高宗。高宗把长孙无忌晋为太尉。群臣称赞高宗有情有义，对他的这一旨意十分拥护。有人为此上疏高宗，赞颂说：

“陛下维护功臣，内不避亲，外不避仇，只有盛世名主方可为之。长孙无忌为国尽忠，功勋盖世，任何荣誉都是当之无愧的。”

后来，高宗想立武则天为皇后。长孙无忌极力反对，他对高宗说：

“陛下为天下之主，当事事为天下做出表率。武昭仪出身卑贱，身世复杂，立她为后只会使陛下名誉受损，得不偿失。臣完全为陛下着想，实不能坐视陛下犯此大错。”

高宗恳求道：

“你是朕的舅舅，一向帮朕，这次也要帮朕。朕只是立一个皇后而已，你一再反对实在不该啊！”

长孙无忌仍坚持说：

“正因为臣是陛下的至亲，臣才要说出真话，不能无原则地顺从陛下。

臣是真心为陛下好，不怕陛下不快。”

高宗十分为难，又十分气恼，他对武则天说：

“朕的舅舅也不肯替朕说话，朕还能相信谁呢？”

武则天为了事情能够进展得顺利，提议重重赏赐长孙无忌，她说：

“长孙无忌在群臣中很有威望，陛下还是争取他的支持为好。人人都爱财宝，陛下何不用此打动他呢？”

于是，高宗赐给长孙无忌十多车宝器锦帛，还把他的三个儿子都提升为朝散大夫。长孙无忌知其心意，遂对高宗说：

“臣不想阻挠陛下的好事，只因事关国运，臣才无比认真。臣不会对陛下不忠，陛下还是放下此念吧！”

高宗大为扫兴，他暗恨长孙无忌不识抬举，索性一意孤行，立武则天为皇后。

因为此事，武则天对长孙无忌怀恨在心。许敬宗猜到她的心思，便暗中指使洛阳人李奉节上书诬告长孙无忌谋反。

高宗起初不信长孙无忌会谋反。许敬宗为了讨好武则天，在旁极力诬陷长孙无忌，他阴声说：

“长孙无忌公开反对陛下立后，可见他对陛下极不尊重，心存蔑视。现在证据确凿，陛下又怎能维护叛贼呢？”

高宗因恨意未消，马上下诏削掉长孙无忌的官爵，并把他流放到黔州。过了数月，高宗又命人复查此案，许敬宗派人前往黔州逼迫长孙无忌自缢身亡。

原文

人善，勿患谗也。

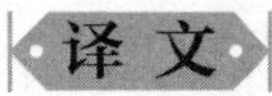

品行端正的人不必在意他人的谗言。

释评

任何人都难以避免被他人进谗攻击，重要的是要淡化它，不要因此失了方寸，坏了心情，耽误了大事。社会不是人们想象的那样无瑕，置身于人流之中，就要承受各种考验。如果自身没有缺失，足够坚定，那么谗言的功效终究不足为虑。

事典

只求心安的谢超宗

谢超宗

谢灵运之孙。南朝宋孝建初为奉朝请，选补新安王子鸾国常侍。宋明帝泰始中，为尚书殿中郎。齐高帝时，为黄门郎。恃才使酒，坐失仪，出为南郡王中军司马。寻免官遭禁锢。武帝即位，使掌国史。后被赐死。

镜 鉴

唯有品行端正，才不会因谗言而受到伤害。

南朝齐高帝萧道成在位时，十分重视谢超宗的才华，任命他为黄门郎。

谢超宗是谢灵运的孙子，他自恃其才，酗酒无度，经常有不守礼法的行为。虽无大错，但人们对他颇为不满，视他为异类。

一次，谢超宗醉酒后，痛骂了一位朝中大臣。于是该大臣告他无礼，又联络不少人一起弹劾他。

萧道成见谢超宗犯了众怒，便教训谢超宗说：

“你放荡不羁，惹人非议，朕也不能处处护着你啊，你为何不检点一些呢？你继续这样对你是不利的。”

谢超宗自辩道：

“臣只是借着酒劲说了些实话而已，并没有像他们那样造谣诬陷，臣有什么错呢？那些奸人只会欺瞒陛下，打压忠臣，他们才是罪大恶极的，请陛下责罚他们。”

萧道成大为不快，他沉下脸说：

“群臣联名告你，你竟视若无事，你就一点也不畏惧吗？”

谢超宗大声说：

“臣只是不注意小节而已，大事上从没有失当之处，臣不怕奸人的谗言。陛下不能听信其言，使奸小阴谋得逞。”

萧道成后来查实谢超宗的确并无大错，于是驳回了群臣所请。谢超宗一时无恙。但这件事令谢超宗的亲人和朋友感到后怕，他们都劝谢超宗说：

“朝廷鱼龙混杂，难以预料的事太多了，你不该和群臣结怨，让自己陷入十分被动的境地。你看不惯小人的嘴脸，也没必要揭穿他们，否则他们一定会报复你的。”

谢超宗谢绝了他们的规劝，他说：

“即使我不揭穿他们，只要我不和他们同流合污，他们也会进我的谗言，你们的想法太天真了。我揭露他们，并不是出于个人的私见，而是为朝廷敲响警钟。我为什么要怕他们报复呢？邪不压正，我不会有事的。”

一次，萧道成召见谢超宗，和他谈及征伐北魏之事。萧道成骄傲地说：

“朕顺天应人，大兵一出，敌国必败，朕会开创万世瞩目的功勋。”

见萧道成如此轻敌自满，谢超宗一时按捺不住，直言道：

“敌国势大，我军不可轻举妄动，否则必有大损。”

萧道成怒目而视，斥责道：

“你敢和朕如此说话，可见你平日是如何狂妄了！”

谢超宗见萧道成误解了自己，也不加分辩，反是进言说：

“我军实力还有待增强，如果轻言战事，那么受害的是整个国家。陛下可以惩罚臣，但不可以轻言开战。”

因为此事，谢超宗被降职为南郡王中军司马。许多人见他受难，都幸灾乐祸，只有他的亲人安慰他说：

“你冲撞了皇上，所幸只被降职，日后还有东山再起之时。你若从中吸取了教训，也是好事一件。”

谢超宗并不后悔，他冷冷地说：

“我只是说了我该说的话，并无不当之处，可惜皇上不加采纳啊！做个忠臣虽是件难事，但我是不会气馁的。”

谢超宗对朝廷十分失望，感到怨气无处宣泄。有人询问谢超宗新任何府时，谢超宗故意大声说：

“不知是司马，还是司驴；如果是驴府，那就应当任司驴。”

有人把他的这番话奏报朝廷，朝廷限他十年不准做官。谢超宗对此报以一笑，他淡淡地说：

“如果因为做官丢了人格，那么我情愿做个百姓，这样我才能心安哪！”

原文

人非善变，乃不识也。

译文

人并不是善变，只是别人并不真正了解他。

释评

认识一个人的本质是困难的。不真正了解一个人，就会惊讶于他的时常变化，实际上这完全是自己的失误。人的变化有多种原因，但起主要作用的还是人的本性。一些看似良善之人会成为恶人，绝不是一朝一夕所致，只是他们善于掩盖其本性罢了。要加强对一个人本性的认识，就要在细微之处多加观察。

事典

缪彤的申辩

东汉时期，汝南郡召陵县人缪彤少年丧父，兄弟四人都住在一起，财产共有，同治家业，少有纷争。

兄弟四人成年之后，都娶了媳妇。从此，他们之间开始有了隔阂，吵架的事也时常发生，媳妇们更要求分家单过。

缪彤十分伤心。他向家中一位长者请教，痛声说：

“我们兄弟四人一向很好，如今怎会形同陌路呢？他们变化太大了，我以后还能相信何人呢？”

长者说：

“人都是会变的，只是你从前对他们并不了解啊。你不要感叹人心易变，还是多了解人的本性吧。这样，你就会识人不误，处变不惊了。”

缪彤认为长者说得有理，便开始反思自己的言行，自责说：

“兄弟相争，我也有责任和过失，我不能只怪别人。不是他们有了太大的变化，而是我的本性也有缺失，只是我没有认识到而已。”

缪彤如此检讨，怨气顿消。他关上房门，自己打自己的嘴巴，并说：

“缪彤，你学习圣人的章法，修养自身的德行，小心自己的行为，怎么不能端正自己的家风呢！”

缪彤家人见他如此，个个自责。此后全家和睦相处。

后来，缪彤做了召陵县的主簿。县令对属下说：

“识人当从细微之处观察，否则就会判断失误，铸成大错。我见缪彤治家先从自我修养入手，这是典型的君子风范，他必是个大德大贤之人，完全可以信任。如果说有一天缪彤会变成小人，我是决不会相信的。这就是我重用他的原因。”

缪彤心中感激县令，嘴上却不露半句言谢之辞。县令并不怪他，他为缪彤开脱说：

“忠臣不会记挂私人的恩德，他全力为朝廷做事，这才是真正地报答我啊！”

不久，县令为人诬陷，遭到拷问，只有缪彤不避嫌疑，极力为县令申辩。审案的官吏问缪彤说：

“县令有恩于你，你因此来为县令洗脱罪名吗？”

缪彤大声道：

“县令无罪，人人都可仗义执言，我为何不能呢？你如此不分青红皂白，只会铸成更多的冤案。”

缪彤被诬为县令的死党，遭到严刑拷打。有人劝他说：

“县令已是阶下囚，你又何苦为他受此大难？你不要为他申诉了，否则赔上性命，岂不更惨？”

缪彤重声道：

“有人常用身不由己来为自己开脱，这都是骗人之辞！我不想这样，更不想令县令伤心绝望。”

缪彤不肯屈服，他所受的折磨一次比一次加重，以至于遍体生蛆。审案的官吏又惊又怕，他对缪彤说：

“县令只是有小恩小惠于你，值得你为他付出这么多吗？我看你是太傻了。”

缪彤瞪了审案的官吏一眼，鄙夷道：

“似你这等小人，哪里会明白我的心思呢？我又何必要告诉你呢？”

缪彤前后换了五座监狱，历时四年，始终没有低头。直到县令被无罪释放，缪彤这才获得了自由。

此事被传为美谈，人们都为缪彤的美德和气节所折服。汝南郡太守梁湛感叹之余，征召缪彤到郡上做官，对他格外敬重。

原文

人非好恶，乃欲多也。

译文

没有人天生喜欢做个恶人，只是他们的欲望太多了。

释评

从人性的角度审视恶人，更能看清恶人的本质，从而加强防范，并更加有效地整治恶人。恶人不是天生的，他们放纵自己的欲望，这是致恶的根本原因。由此可见，不给他们机会和权柄，当是减少他们为恶的良方。欲望强烈之人，其言辞富有攻击性，事事都争，好胜心炽，很少为他人考量。不适当抑制他们，他们便会得寸进尺。

事典

心忧天下的左雄

左　雄

东汉南阳人，少有大志，聪明好学，知识渊博；品性笃厚，善助邻里，誉满郡县。

镜　鉴

居上者亦有不可逾越的心理底线，进谏者切不可不知进退。

东汉顺帝时，朝中大臣懈怠，政事有许多弊病。议郎左雄为此上书说：

“人一旦欲望增多，便会不自觉地干下恶事，这种情况是不能视而不见的。陛下不要抱怨忠臣不多，而要设法抑制群臣的贪欲，不给他们为恶的机会。这样既拯救了他们，又维护了朝廷的威仪。”

顺帝并不理睬左雄的劝告，久不作答。左雄心中郁闷，他对尚书仆射虞诩说：

“皇上只会让人尽忠，却不防范和惩治群臣的一些恶行，皇上的心愿如何能达成呢？群臣只在言语上欺瞒皇上，私下却贪婪无度，我担心天下将乱啊！”

虞诩赞同左雄的意见，他说：

“皇上如不明正刑律，奖廉治贪，朝廷风气便很难改变。我一定会助你一臂之力，一起劝谏皇上。”

虞诩于是上书顺帝，他说：

“时下朝廷风气不正，大臣追求享受，不求廉洁，这是关爱朝廷命运的人最忧心的。左雄进言十分及时，也富有卓见，陛下如采纳他的谏言，当会使国家免遭厄难。”

顺帝受到震动，他召见左雄，开门见山地说：

“虞诩推荐你，说你有大才，朕可以相信他的话吗？”

左雄回答道：

“臣的谏言全部由心而发，陛下自知，臣不敢以大才自居。”

顺帝随后任命左雄为尚书。

一次，顺帝对朝中大臣十分不满，想要诛杀一些人。他对左雄说：

“朕信任他们，授予其权柄，他们不知感恩，反而为非作歹，他们都该杀啊！”

左雄在旁规劝道：

“杀人切不可随便，陛下请息怒。没有人天生是恶人，只要他们没有大错，陛下还是略加惩治为好。重要的是陛下不要放纵他们，应该时时训诫他们。”

顺帝平息了怒气，对左雄说：

“是你及时提醒了朕，否则，朕就要犯下大错了。人是杀不完的，大开杀戒只会造成天下动荡，朕还是加强警诫吧。”

不久，顺帝升左雄为尚书令。嫉妒左雄升迁的人对顺帝说：

“左雄只会鼓动唇舌迷惑陛下，他有什么大功让人心服呢？”

顺帝正色道：

“你们眼中只有官位，只有私利，又有什么资格非议左雄？他的谏言不是讨取朕的欢心，全是为朝廷命运思虑。仅凭这一点，他就胜你们百倍了！”

当时宦官专权，左雄多次劝说顺帝，都无功而返。左雄十分焦虑，他找到虞诩，对他说：

“每当谈及宦官之事，皇上都会回避，你可有好的办法劝说皇上吗？”

虞诩皱眉道：

“皇上信任宦官已非一日，这件事你不可再谏了。”

左雄急道：

“此事危害极大，我怎可不言呢？”

虞诩低声道：

“人都是有私心的，皇上也不例外，你不要对皇上期望太高了。皇上是依靠宦官的势力才登上大位的，所以把宦官视为家人一样。皇上怎会听你一个外人的谏言呢？你不要自讨麻烦了。”

左雄不听虞诩的规劝，坚持再谏。顺帝始终我行我素，重用宦官。左雄这才相信虞诩的话。

尽管如此，左雄对朝政缺失仍然不能忘怀，并竭其所能予以匡正。后来，左雄由于敢于谏诤，受到廷臣们的拥戴，终被迁为司隶校尉，负起了整顿朝廷纲纪的重任。

原文

怨不及慎矣。

译文

事后抱怨不如事前慎重。

释评

常有人感叹人心不古，但这可能是识人、用人不清所致。事前慎重才是正确的应对之法，而事后抱怨则于事无补。在识人上，慎重就要客观地看待一切，主观臆断万万使不得。居上位者如果对用人不慎重，小人便会投其所好，从而得到重用，而贤者只会受到冷遇。

事典

白居易的坚持

唐宪宗时，白居易受到重用，任左拾遗，负责进谏、荐举。

元和四年（809），天下发生大旱灾，宪宗下诏减免租税。白居易见诏书中对具体事项规定得不详细，减免的钱粮又太少，于是对宪宗说：

“陛下既然有心施恩，就要诚心诚意，为何只做个姿态呢？”

宪宗沉声说：

“百姓贪得无厌，朕担心他们不知足，这才略作表示，以观其效。”

白居易叩头道：

“陛下不相信百姓，又怎能让百姓拥戴陛下？陛下不可怨怪百姓，视百姓为贼人，这样只会埋下祸根。百姓现在挣扎在死亡边缘，如不赈济，很可能会滋生事端。陛下应抛弃成见，一切以赈灾为重。”

在白居易的极力劝说下，宪宗免除了江淮两地的全部赋税。

后来，大臣李师道献上自己的六百万私钱，要替魏徵的孙子赎回原来的宅邸。为此，不少人都称赞李师道贤德。只有白居易不以为然，他对宪宗说：

“陛下认为李师道此举如何？”

宪宗说：

“李师道为他人舍弃私财，自是无私之举，理当褒奖。”

白居易又问道：

“李师道平日并不乐善好施，他现在为何如此大方呢？”

宪宗回答不上，亦觉有疑。

白居易接着说：

“陛下若以此判定李师道是个贤人，就有失误了。李师道此举纯属沽名钓誉，他是在愚弄世人啊。魏徵担任宰相时，太宗用修宫殿的材料为他建起宅邸。他的子孙不能守住家业，陛下应当因为他们是贤者的子孙替他们把宅邸赎回来，再赏赐给他们。李师道只为自己扬名，却抢了陛下的美名，可见他并不是一个忠厚的人，陛下应当警惕他啊。”

宪宗思之再三，觉得白居易所说不差。于是，宪宗不仅制止了李师道，还对他加以训斥。

白居易敢于直谏，宪宗也因此时常动气。他曾对亲信大臣说：

“白居易和朕顶撞，他真是为朕好吗？朕看他是大不敬啊！”

亲信大臣劝宪宗说：

“白居易聪明绝顶，他怎会公开和陛下作对呢？这是他忠君爱国的表现，势利小人是做不出来的。陛下不可怀疑白居易的忠心，否则就要痛失忠臣了。”

事后，亲信大臣对白居易说：

“你立志做个忠臣，可忠臣却往往容易招来非议，遭受打击，你不可再触怒皇上了。”

白居易谢过亲信大臣的好意，仍道：

“我对皇上尽忠，并不是为了谋取个人的好处，皇上如果不能明鉴，那么我也无怨无悔，不可改变。”

后来有人诬陷白居易，因此宪宗渐渐疏远了他。最后，宪宗把白居易赶出朝廷，贬为江州司马。

观心卷 第三

志异弗谋也。

人忌言废也。

君子重诺，其心荡荡。

小人背信，其心暗暗。

见心知品也。

善言未必善报。

诳语未必人厌。

上意乃定也。

智者必重礼焉。

贤者必助人焉。

本卷精要

- 道不同，不相为谋。
- 要想说话得到众人呼应，重要的条件之一是建立良好的人际关系。
- 内心宽广的君子重视承诺。
- 内心阴暗的小人不守信用。
- 好的言辞不一定有好的回报。

原文

志异弗谋也。

译文

志向不同，就不要在一起谋议。

释评

人与人的志向如果差异太大，所思所想便截然不同，冲突就在所难免，如此，一起谋事绝无益处。有人委屈自己，压抑自己的个性，以适应他人，这虽能换来暂时的“和谐”，但绝不是真正的融洽，对自己的伤害也是很深的。迁就他人要有限度，一定要把握住原则，否则，牺牲再多也是没有价值的。

事典

爱憎分明的文祥

咸丰十一年（1861），咸丰帝病死热河。同治帝即位，肃顺等人专权。

当时，军机大臣文祥考虑再三，决定引退。他对家人说：

“肃顺向来傲慢，对人无礼，和他共事只能委曲求全，否则，一定受其打压。我看不惯他的行为，又怎能与其谋事呢？”

家人说：

“肃顺大权在握，只有依附他，你方有出路。你自毁前程，受损的还是你自己啊，你要慎重才是。”

文祥大声道：

“和肃顺共事，只会成为唯唯诺诺的小人，这岂是我的志向？我不能难为自己，更不能让世人鄙视我。”

于是，文祥请求解除军机大臣的职务。肃顺当面问文祥说：

“你有今天的地位十分不易，是什么事令你甘愿放弃呢？我百思不得

其解。”

文祥没有正面回答，只推托说：

“我能力不足，难以再担重任，我不想误国误民。”

肃顺一笑道：

“这不是理由，莫非你对我不满？你这个人太刚直，其实有些事是大可不必如此的，你要为自己的前程着想啊！”

文祥的请求被拒绝，之后他便很少进言，朝廷有事也常常称病不往。

肃顺被诛杀后，文祥被接连提升为左都御史、内务府大臣、工部尚书，兼署兵部尚书。有人问垂帘听政的慈禧太后说：

“素闻文祥才识并不突出，太后为何如此重用他？”

慈禧太后道：

“文祥从前极力抗拒肃顺，又有拥立皇上之功，他是我的同道之人哪。一个人有忠心才是最重要的。”

文祥和恭亲王一同帮助皇帝处理朝政，总理各国的事务。文祥对恭亲王十分尊敬，凡事都不违拗，二人相处得十分融洽。文祥曾对亲信说：

“恭亲王做事认真，志向远大，和他在一起，我感到十分愉悦。我尽心辅助他，就不能突出自己。”

恭亲王亦知文祥忠诚，他对文祥说：

“你不计毁誉为朝廷办事，我一定会为你请功。”

不久，恭亲王因阻止修建圆明园被罢免。文祥痛哭不已，决心为恭亲王请命。他哀声地对家人说：

“恭亲王爱惜民力，不主张修建圆明园，这是利国利民的好事，怎能因此致祸呢？我支持恭亲王，要为他向朝廷求情。”

文祥的家人说：

“恭亲王违背了圣意，受到处罚，你这样做不是自讨苦吃吗？你应当和他划清界限，以求自保。”

文祥冷笑道：

“我若只求自保，倒不如辞官回乡！既然身在朝廷，我就要明辨是非，敢吐真言！”

文祥向慈禧太后进谏，他说：

“修建圆明园只是太后的家事，不用急于一时。眼下国库空虚，军备不足，太后当以国事为重。恭亲王此举全从朝廷的长久之计出发，他的忠心本应受到嘉奖。”

慈禧太后训斥文祥道：

“你极力为恭亲王开脱，分明和他是一路之人，你们这是联手和我作对吗？”

文祥叩头谢罪，连忙道：

“臣只为朝廷大义而谏，决不是为了个人的私情而争。臣在这件事上和恭亲王看法一致，这才劝谏太后。”

文祥反复劝谏，险些因此被问罪。后来，恭亲王恢复了职务，文祥亦因仗义执言为人推崇。

原文

人忌言废也。

译文

遭人忌恨，说话就全无效用。

释评

因人废言者都是不明智的，他们用偏执的眼光看待他人，误了自己，也误了别人。这从反面提醒人们，要想说话有力，收到理想的效果，光在言语上用心是不行的，还要建立良好的人际关系。体察人的内心，知其心意，好的谏言再配合好的方式，如此才会事半功倍。

事典

杨一清的预见

杨一清

成化八年（1472）进士，曾任陕西按察副使兼督学。历经成化、弘治、正德、嘉靖四朝，为官五十余年，官至内阁首辅，号称“出将入相，文德武功”，才华堪与唐代名相姚崇媲美。

镜　鉴

欲使谏言被接纳，首先须获得对方的信任。

正德时，明武宗准备前往江南游乐，许多大臣进谏劝阻。武宗一概不听，他还恐吓群臣说：

“朕意已决，再进谏者当是对朕不敬，定杀不赦！”

武英殿大学士杨一清见武宗不肯纳谏，便对同僚说：

“皇上认为我们故意和他对抗。皇上有如此想法，再谏也无用了，不如择机行事吧。”

杨一清请求退休归乡，武宗批准了他的请求。

武宗南征时，来到杨一清的家中做客。杨一清盛情招待，陪武宗饮酒作乐，两昼夜不散。

杨一清的这一做法和他平时的行事作风大不一样。他的家人问他说：

“你一向严于自律，现在为何如此放纵自己？你这样恭维皇上，莫非想要重新入仕吗？”

杨一清见家人误会自己，连连摇头，低声道：

“我从前劝谏皇上，总是板着面孔，自以为有理，便当仁不让，结果全无效力啊！我现在改变方式，要让皇上高兴，趁此机会再行劝谏，定会有所收获。你们不知我的真意，不要胡乱猜疑。”

武宗在杨一清的款待下十分快乐，他对杨一清说：

“你并不是个不知趣的人，朕从前都错怪你了。你若有所请求，朕一定恩准。”

杨一清马上谢恩，他说：

“臣衣食足用，并无所求。臣只希望陛下以国事为重，少做游乐扰民之事。陛下肩负天下安危，不可一事不慎啊！”

杨一清又详述游乐之弊。武宗听了，竟是一笑，说：

“你如此用心，却不是为了私利求朕，这让朕太感意外了。看你一片忠心，为朕思虑，朕答应你了。”

武宗于是取消了前往江南游乐的计划，杨一清的谏言终获全功。

世宗在位时，杨一清再次被重用，为内阁首辅。

张永曾为铲除刘瑾立下大功，后被罢免。杨一清心念此节，建议重新起用张永。他对世宗说：

“张永忠于朝廷，只因不善周旋，这才闲居在家。陛下应重贤识才，重新起用他。”

世宗犹豫着说：

“人们对张永多有议论，真假难辨，朕不想自找麻烦。”

杨一清力荐道：

“陛下英明，若重用张永，必会令流言自息，这只会增加陛下的声望。臣对张永十分了解，望陛下不要因顾虑而失去一位人才。”

世宗于是起用张永为提督团营。张永感恩不尽。人们也说世宗用人无忌，不埋没人才。

内阁大臣张璁暗恨杨一清，多次上疏诋毁他。世宗问张璁说：

“你入阁时间尚短，不该攻击首辅大臣。你想取代杨一清吗？”

张璁回答说：

“杨一清只会做个老好人，他包庇别人，不敢力争，这样只会损害朝廷的利益。臣是为了道义而弹劾他。”

世宗又召来杨一清，向他说明了此事。他慢声说：

“朕不会相信他人之言，这才亲自问你，你尽可自辩。”

杨一清叹气道：

“遭人攻击，可见臣这个首辅是失职的，请陛下解除臣的官职。”

世宗安慰他，杨一清却仍是不肯留下。他对好友说：

“皇上故作宽容，可实际上已不信任我了，我若留在朝中，必有大难。我不想这种情况出现，还是速去为上。”

坚请之下，杨一清终得辞官返乡。杨一清如遇大赦，心中无比畅快。

原文

君子重诺，其心荡荡。

译文

君子重视承诺，他的内心是宽广的。

释评

内心宽广的君子，他的承诺是可信的。承诺是一种责任，内心狭窄之人没有责任感，他们自会漠然视之。对承诺的轻视便是对自己的放纵，和这样的人打交道，老实人是一定要吃亏的。重视承诺要付出许多，但不重视承诺会丧失人格。在此取舍，人们切不可因小失大。

事典

坐罪免官的范泰

东晋末年，范泰初入仕途，任太学博士。范泰的表弟王忱任荆州刺史，他深知范泰的才华，反复对他说：

“你有大才，只做个博士，实在是委屈你了，我一定要向朝廷举荐你。”

范泰总是谦逊道：

“我无功无名，不敢有大的奢望。你若保举我，人们便会说你徇私用亲，我不能让你平添如此罪名。”

王忱慨叹道：

“我见许多人都想尽手段往上爬，他们哪会替别人着想呢？还是你心胸宽广，我更应该为你谋划了。”

在王忱的力荐下，朝廷任命范泰为天门太守。

王忱嗜酒如命，每次大醉后，就会连续昏睡十几天。范泰为他担心，劝他说：

“你身为朝廷重臣，岂能因酒误事？你这是对朝廷不忠，对自己不负责任。何况酒能伤身，你不该如此摧残自己。”

王忱听了很感慨，认错道：

“你诚心劝我，丝毫不留情面，是因为你知道不这样就不能让我醒悟。你是真心关心我，不似别人违心奉承，你太让我感动了！”

范泰在任中书郎时，会稽王司马道子的世子司马元显专擅朝政，文武百官都赋闲在家。范泰对此忧心忡忡，他对朋友说：

“朝政归于一人之手，这不是吉兆，我们做大臣的怎能不加抗争呢？我们口口声声为朝廷尽心，难道这是一句空话吗？”

朋友说：

“时下人人避祸要紧，又有谁愿为一句承诺而惹祸上身呢？你也不要做这等蠢事，自招祸殃。”

范泰长叹不止，痛声道：

“患难见人心。朝中大臣都是伪君子，我不能和他们一样。”

范泰向司马元显进言，劝他说：

“朝廷之事繁多，大人如果弃用众大臣，单凭一人之力是维护不了江山的。大人应该放权用贤，少些专断。”

司马元显不予采纳，仍旧极力排斥众臣。范泰见劝谏无效，后以父亲去世为由，辞职归乡服丧了。

大将刘裕执掌朝政后，范泰历任黄门侍郎、御史中丞。一次，刘裕对范泰说：

“你从前不得志，是我让你重返朝廷，你将怎么谢我呢？”

范泰郑重道：

“臣无他能，只有进献忠言为谢，让将军少犯错误。请将军不要拒谏。”

刘裕连声道好，拍手说：

“你的谢法实在新奇，只要你说得对，我一定会听从的。”

范泰听刘裕此言，顿感快慰。他开心地对朋友说：

“刘裕答应我的进谏请求，以后我可以畅所欲言了。”

朋友忧心地说：

“你不要高兴得太早，刘裕也是个凡夫俗子，他会接受别人的指责吗？你不假辞色，我担心你会惹祸啊！”

范泰几次规劝刘裕，刘裕勉强应付，却不予采纳。一次，范泰认真道：

“将军命我进言，臣不敢有违，将军可是有悔吗？”

刘裕苦笑，转身便走。

范泰不顾刘裕的不满，仍是提出自己的见解。刘裕不听，他便大胆力争，不肯让步。刘裕十分反感，决心惩戒范泰，令其心存畏惧。

后来，范泰因论议关于祭祀的礼仪，提出了不合时宜的意见，被刘裕以此为由论罪免官了。

原文

小人背信，其心暗暗。

译文

小人不守信用，他的内心是阴暗的。

释评

小人不仅伤害他人，而且伤害自己，这是他们未曾想到的。内心阴暗，就不会有真正的快乐；背信弃义，其嘴脸就越加丑陋。小人未得志时，总是把诚信挂在嘴边；得志之后，又把信守承诺视同儿戏。小人的这种劣行害人极深，揭穿他们是正义之士不可推卸的责任。

事典

唐中宗的横祸

李 显

唐中宗，原名李哲，唐高宗李治第七子，武则天第三子。前后两次当政，共在位五年半，景龙四年（710）猝死，终年五十五岁，葬于定陵。

镜 鉴

过度信任亲近之人，未经查证便拒听劝谏，实乃昏聩。

唐中宗当太子时，韦氏被选为太子妃。嗣圣元年（684），李显即位，韦氏被立为皇后。中宗后被武则天废黜，改为庐陵王。韦氏一直跟随他到了房州，两人相依为命，历尽了苦难。每当听说武则天派使臣前来，中宗就吓得想自杀。韦氏总是安慰他说："祸福无常，也不一定就是赐死，何必如此惊恐。"韦氏的鼓励、劝慰、帮助，使他在逆境中坚持着活了下来。因此，中宗和韦氏作为患难夫妻，感情十分深厚。

中宗再次为帝时，对韦后十分关爱，他对韦后说：

"你为朕受了不少苦，朕是不会忘记的，你现在可以安享富贵了。"

韦后自认有功，开始尽情享受起来。为了光宗耀祖，她竟亲自到宗庙参拜祖先，追封她的父亲韦玄贞为上洛郡王。

左拾遗贾虚己担心韦后乱权，上疏中宗说：

"国家有法度盟约，对不是李姓而称王的人都要唾弃。如今复国不久，皇后就违法背信，可见皇后并不是忠贞之人，陛下应该对其有所警惕。陛下若是偏私皇后家，势必危害皇权。这样，前朝武后祸乱李唐的故事又要重演，望陛下早做决断。"

中宗不听贾虚己的建议。他对身边近侍道：

“皇后有恩于朕，朕答应厚待她，朕岂能失言无信？贾虚己一派胡言，朕听之可笑，皇后会背叛朕吗？”

神龙三年（707），节愍太子起兵讨伐韦后和武三思，又有大臣进谏中宗说：

“倘若皇后仁德，又怎会有太子讨伐之事？陛下应弄清真相，不要尽信皇后之言。皇后欺骗陛下，陛下不可一味轻信她。”

中宗固执愚昧，反为韦后辩解说：

“韦后贵为皇后，遭人非议是正常的。朕若怀疑皇后，岂不是中了奸人的诡计？”

节愍太子起兵失败后，大臣宗楚客率领群臣请求给韦后加尊号“诩圣”。宗楚客说：

“皇后遭人攻击，已非一日，陛下千万不能纵容此事。皇后贤德无比，却无端受辱，陛下当垂爱她。”

一位忠贞大臣反对宗楚客的建议，他对中宗说：

“皇后无功，若加尊号，只会成为天下攻击的对象，这对陛下是没有好处的。何况‘诩圣’之名，非大德之人不能享之，皇后不配此名号。”

中宗一心向着韦后，决定道：

“皇后无端受辱，加尊号正好可以给她压压惊，朕没有不准之理啊！”

韦后为了树立权威，命人谣传说她的衣箱上升起五色祥云。中宗信以为真，竟命人将此事画出图来，并在朝廷上展示。一位大臣窥破了韦后的用心，私下对中宗说：

“五色祥云乃天子之兆，皇后在此大做文章，不是用心不善吗？陛下当防范皇后有不臣之心哪！”

中宗不喜有人说韦后的坏话，马上翻脸道：

“皇后怎么会有不臣之心！你怀疑皇后，不是明显对朕不敬吗？”

中宗将该大臣斥退。随后，他又召集群臣宣布说：

“天降吉兆，不可不敬，这一切都要归功于皇后的贤德。朕不能不敬天地，朕要大赦天下罪犯，以示其诚。”

韦后还暗中培植亲信，给自己的亲属都封了官职。她为此欺骗中宗说：

“不是亲人不能信任，妾为陛下日夜忧心，这才让妾的亲属为官。”

中宗毫无疑心，反称赞韦后忠心。他高兴地说：

“皇后处处为朕谋划，朕可以高枕无忧了。你尽可以方便行事，不必报告朕。”

一位大臣认为韦后凶险，多次进谏，要中宗加强防范。他说：

“皇后野心勃勃，非一般人可比。她行事暗昧，内心难测，一旦事发，陛下第一个受害，这件事不能不重视了。”

中宗一听此言，便觉刺耳，没等大臣说完，便喝令其闭嘴，并将其逐出大殿。

韦后见中宗完全被迷惑了，更加胆大妄为。

景龙四年（710）五月，地方小官燕钦融上书指责韦皇后淫乱，干预朝政。中宗亲自召燕钦融来京诘问，韦皇后就指使徒党喝令卫士当众将燕钦融摔死。中宗看了，露出了很难看的脸色。韦皇后怕中宗追究此事，便与亲信密谋害死了中宗。

原文

见心知品也。

译文

透视一个人的内心就可知晓他的品德如何。

释评

人往往是有重重伪装的。知人知面不知心，这是人所共知的常识。在所有的伪装之中，靠言语欺骗简单易行，骗子们往往对此十分重视，也格外擅长。为言所惑是许多人的通病。他们不注重审察人的内心，只重利益，轻视人品，结果成为骗子们的猎物。

事典

韩爌的失措

明熹宗天启三年（1623），大臣杨涟弹劾魏忠贤二十四条大罪。魏忠贤十分恐惧，他向内阁次辅大臣韩爌求援。

韩爌听过魏忠贤对自己的奉承，冷冷一笑说：

“你是皇上的宠臣，我韩爌何德何能令你如此吹捧呢？你大难临头向我求救，我不敢相信你会说心里话。”

魏忠贤见韩爌揭穿了自己，死不承认，还发誓说：

“我一旦渡过难关，必会加倍报答大人，请大人务必相信我的诚意。”

韩爌当面回绝道：

“你若心中无鬼，何必怕人弹劾呢？你还是主动认罪吧！”

韩爌因此得罪了魏忠贤。

首辅大臣叶向高罢职后，韩爌成为首辅大臣。叶向高临别前对韩爌说：

“身为朝廷重臣，你打算如何和群臣相处呢？”

韩爌说：

“秉公而断、刚直用事、廉洁谦逊，这都是团结群臣的良策，我会依此行事的。”

叶向高摇头道：

“我从前也是这样，结果只能是今天的下场，你还要步我后尘吗？”

韩爌一怔，难以作答。

叶向高指点韩爌说：

“身为群臣之首，重在选用好人，摒弃小人。在人人都恭维你之时，你要知道谁真谁假，看透人心，然后方能用人无误。你要做到了这一点，方可保住你的地位。”

韩爌认为叶向高偏重智谋手段，而缺少霸气。他嘴上没有反驳，心里却是不加赞同。他对亲信说：

“叶向高若有大才，也不会落败了，可见他的见解并不高明。”

同僚魏广微投靠魏忠贤。魏广微表面上尊崇韩爌，实际上却想取而代之。

一次，魏广微和韩爌闲聊，魏广微一再说韩爌的好话，把他说成当代的圣贤。韩爌认真追问魏广微说：

“你的话说得太过了，难道你是在奉承我？我要知道你的真实想法。”

魏广微故作诚恳说：

“古代圣贤无人得见，而大人的才识和作为却在眼前，我是真心为大人感叹啊！朝中人才济济，皇上却只看中大人，委以重任，这绝不是一般人所能得到的殊荣！我说的为何不能是自己的心里话呢？”

韩爌被其骗过，心中有了骄傲之情。

韩爌的一位朋友见他和魏广微交往过密，告诫他说：

“你和魏忠贤势不两立，而魏广微却私下结交魏忠贤，这说明魏广微和你交好并不是真心的，你要对他加以防范啊！”

韩爌故作镇定道：

“你说的不一定为实，即使如此，我也要争取魏广微站在我这边。这样，我的力量就增强了。”

朋友再规劝说：

“魏广微心术不正，和你绝不是同道中人，你被魏广微欺骗了。他与你交好，必有图谋，你当细察。”

韩爌心神不定，遂几次向魏广微探问。魏广微能言善辩，韩爌一时无法判断。韩爌对朋友说：

“做人不能太多疑，更不能冤枉好人。魏广微没有异动，我不想让人说我疑心重。”

朋友急切道：

“时机未到，魏广微自然不会暴露了，可叹你不识其心，为其言语蒙蔽，只怕祸事不远了。”

不久，魏广微和魏忠贤合谋，削弱首辅大臣的权力，以此整治韩爌。韩爌至此方知魏广微的用心，他奋力抗争，无奈为时已晚，只得离职。天启五年（1625）七月，韩爌被削去官阶，其家人被害死狱中。

原文

善言未必善报。

译文

好的谏言不一定有好的回报。

释评

历史上因言致祸的事令人心惊，因善言而招灾更令人心伤。善言可被人误解为毒言，又可被歪曲成诅咒之辞。因而，善言是不可以逢人便说的：对大奸大恶者加以规劝，只会引起他们的愤怒甚至是疯狂报复；对执迷不悟者加以劝导，往往令其忌恨。人们对此不可不慎。

事典

依法办事的蒙毅

秦始皇时，宦官赵高犯了大罪，秦始皇责令大臣蒙毅依法惩办他。

蒙毅领命之后，并不多想，对属下说：

“赵高为人奸诈，罪证属实，应当判以重罚。”

蒙毅要判赵高死刑。一位属下把蒙毅拉到一边，低声说：

“大人只想依法办事，可曾想过此中弊端？这件事不能莽撞啊！”

蒙毅听来刺耳，责问道：

“我奉陛下之命办事，又无失误，你此言何意？”

属下认真道：

“大人所说不假，可事实上却有许多诡秘之处，不可不察。赵高做事认真，颇有才干，陛下是赏识他的。陛下命人惩办赵高，依我看来，这只是一时气愤而已，陛下决不想置他于死地。我担心大人若死守法度，判赵高死罪，一来陛下不悦，二来赵高恨大人入骨，这样就对大人不利了。”

蒙毅很生气，斥责说：

“你妄猜陛下之意，教唆大臣徇私枉法，该当何罪？赵高死有余辜，我判他死刑，看他如何对我不利！”

蒙毅依律宣判赵高死刑。秦始皇果然反悔了，他对蒙毅说：

“赵高虽犯大罪，但朕念其才能，不忍杀他。”

蒙毅闻之如五雷轰顶，他进言说：

“赵高纵有大才，但其奸诈险恶，将来必成祸患，切不可留之。陛下既已做出明断，就当执行。”

秦始皇摇头道：

“朕决定不杀，自有道理，你还是速速办理吧！”

蒙毅劝谏不得，只好将赵高释放。

赵高被秦始皇赦免，又恢复了官爵。他私下对心腹说：

“蒙毅恨我不死，他是我的大仇人，总有一天我是一定要向他讨债的。”

秦始皇死后，得势的赵高想灭掉蒙氏家族。他对秦二世胡亥说：

“当年先帝选立太子，十分中意陛下，可是蒙毅从中阻挠，此事才迟迟不能确定。蒙毅对陛下抱有敌意，他这样的人不可信任啊！”

胡亥追问道：

“朕与蒙毅无冤无仇，他为何极力反对朕呢？”

赵高编造说：

“蒙毅一向依附公子扶苏，他反对陛下，只是为了拥护公子扶苏继承大位。他这样陷害陛下，实在可恨！”

胡亥一听便怒，于是把蒙毅投进大牢。

公子子婴听说此事，向胡亥进谏说：

“过去赵王迁杀死良臣李牧而任用颜聚，燕王喜暗中采用荆轲的办法背叛和秦国的协约，齐王建杀死老一辈忠臣而采纳后胜的建议。这三个君主，都因为不遵古制失掉其国家并害了自己。蒙毅对朝廷一贯忠诚，他进谏良言，屡建大功，这样的忠臣一旦被杀，只会使朝廷失去信用，丧失民心。陛下不要听信谗言，使忠臣蒙难。”

胡亥犹豫不决，赵高担心胡亥放过蒙毅，便再进谗言说：

“蒙毅本对陛下不满，如今他身在狱中，更会加深对陛下的仇恨，无论

陛下如何仁慈，蒙毅都不会感激陛下了。何况蒙毅不为陛下所用，他又怎会甘心拥护陛下呢？蒙毅终是大患，应尽早除之。”

胡亥派使臣前去传令，逼蒙毅自杀。蒙毅不甘受死，极力申辩。使臣不耐其烦，喝道：

“死到临头，你还不知祸从口出，你再会说、再有理也无用了！”

蒙毅未及再言，便被当场杀死。

原文

诳语未必人厌。

译文

欺骗人的话不一定让所有人都厌恶。

释评

说假话本是一件错事，可在喜欢听假话的人眼中，往往就不是这样了。在特定时期、特定场所，说真话是令人厌恶的，更是一些人所痛恨的。从这一点上看，有时善意的谎言可能是更好的选择。

事典

李广的感慨

西汉时，李广作为良家子弟出兵去打匈奴，因擅长骑马射箭，杀死和俘虏了很多敌兵，当上了郎官。李广的叔伯弟弟李蔡虽不及李广，但他善于巴结上司，也任郎官之职。

一次，李广对李蔡说：

“建功要靠真本事，你只知逢迎上司，说着虚伪的言辞，我都为你感到脸红啊！”

李蔡不服说：

“官场之中不能只会冲杀猛打，你纵有真本事，若是上司刁难，你还有升迁的机会吗？我这样做是不得已的，你不该责怪我！”

李广更加生气，对李蔡轻视起来。李蔡也不看重李广，他曾嘲讽李广说：

“你立有战功，还不是和我一样官居郎官？你不知官场学问，日后是要尝苦头的。”

景帝在位时，李广跟随太尉周亚夫进攻吴楚叛军。李广冲杀在前，勇猛过人，夺取了敌军的军旗，在昌邑城下屡建功劳。梁王很赏识李广，私下授予他将军印。

平定叛乱后，有人揭发梁王私自授印之事，指出这是违犯朝廷法度的。李广的朋友为李广出主意说：

“授印之事只有少数人知道，只要你不承认，谁也不能把你怎样。为了你的前程，你不能说出真相。”

李广气愤地说：

“我杀敌立功，想不到还遭人忌恨。我一向敢做敢当，决不会说那些骗人的假话。”

劝他的人说：

“说真话要看场合，何况时下只是应急，无伤大雅，你就别固执了。”

李广坚决不答应，结果朝廷取消了对他的封赏。

武帝在位时，李广打了败仗，被匈奴兵俘获。后来，李广趁机逃跑，回到了朝廷。朝廷询问他，李广如实说明了情况，他还请罪说：

“此次损兵折将，只怪我大意轻敌，请重重地处罚我。”

李广的亲人探望他时，埋怨他不该说出实情，说：

“你英勇奋战，已然尽力，你为何还要主动请罪呢？只要你编些理由，说点谎话，你的罪责就减轻了。”

李广粗声道：

“你是让我欺骗朝廷吗？我堂堂大丈夫，不屑做这等苟且之事！”

亲人责怪说：

“现在不是你显示高洁的时候，你这是给自己增加罪名啊！有些人为了一点小事都不惜撒谎，何况到了生死攸关之时？你真是太不明智了！”

李广被重判，后被赎出当了平民。数年之后，武帝才重新起用他。

元狩二年（前121），李蔡接替公孙弘任丞相。李蔡把李广召到自己府中，当面对他说：

“你我同样为朝廷效力，如今我贵为三公，封爵乐安侯，而你却没有爵位和封地，官职不过是九卿之一。你想知道我们为何有如此差别吗？”

李广心中郁闷，长叹道：

“天理不公，我也无可奈何啊！你现在春风得意，又何必存心令我难堪？”

李蔡同情道：

“你的才能和功劳远在我之上，我也为你感到不平。可世事复杂，少有公理，这种情况也是正常的。你为人正直，敢讲真话，不屑权术，在我看来，这些你眼中的优点在官场中反是缺陷了，官场之中哪有你想象的那么纯洁呢？”

李广大为感慨，他叹气道：

“你说的有些道理，可是我和你不同。尽管吃亏，我还是不想改变自己。也许这就是命吧，我真是大有遗憾哪！”

原文

上意乃定也。

译文

上司的心意是决定人们行止的重要因素。

释评

封建专制时代，当权者为所欲为，主宰着人们的生死，人们是没有任何自由的。人们违心做事，言不由衷，只是为了顺从当权者的心意，以使自己不受践踏。看问题要深挖根源，盲目指责古人的一些做法是有失公允的，过高地要求他们也是不现实的。他们有时需要理智，有时需要妥协，在大环境十分恶劣的状况下，必败的抗争便是无谓的牺牲。

事典

只争事理的钱龙锡

钱龙锡

万历年间进士。天启年间，累官南京礼部右侍郎。后因得罪魏忠贤，被革职。崇祯帝时，初起礼部尚书兼东阁大学士，后被魏忠贤余党污蔑为逆党，袁崇焕被杀后，遭长期关押，后发配戍守定海卫。福王时，复官归里。不久病逝。

镜　鉴

并不是每个合理建议都会被接纳，进谏时切不可盲目乐观、勉强行事。

崇祯帝在位时，任命钱龙锡为礼部尚书兼东阁大学士。崇祯帝召见钱龙锡时，特加抚慰说：

“你曾受奸贼魏忠贤的迫害，被削去官籍，朕赏识你的勇气和忠心啊！只要为了朝廷利益，你尽可向朕进言，朕绝不怪罪。”

钱龙锡感动不已，泣泪道：

“陛下英明，深知微臣，微臣又怎敢不报答陛下呢？微臣一定会竭心尽力，勇于进谏，不让陛下失望。”

钱龙锡精神复振，逢人便说：

“皇上大智大仁，是我朝之福，以后我可以放心进谏了。”

钱龙锡的同僚刘鸿训见他如此兴奋，私下制止他说：

“你到处宣扬皇上的仁德，本是应该，可你说可以放言进谏，这就有些不妥了。进谏都是规劝之辞，进谏越多，越发显示皇上有误，你想显示自己而贬低皇上吗？”

钱龙锡回敬道：

“皇上乃是旷世明君，似你的这些愚见，皇上是全然不会有的，你不必瞎操心了！”

刘鸿训后来对朋友说：

“钱龙锡在受重用后，真的是忘乎所以了。皇上的心意随时都有可能改变，钱龙锡若是只知进谏而不察圣心，必会遭遇大挫折啊！他不知我的好意，有一天会后悔的。”

钱龙锡十分勤奋，朝政上每有弊端，必马上进谏，没有片刻停歇。他多次劝谏崇祯帝改正错误，不达目的决不罢休。

一次，海盗侵犯中左所，总兵官俞咨皋弃城而逃，按罪应当处斩。崇祯帝想要连同巡抚朱一冯一起定罪，他恨恨地说：

“朱一冯身为巡抚，不能御贼驭下，这便是大罪，他哪里能开脱罪责呢？朕惩治他，亦可告诫天下官吏，不可玩忽懈怠。”

钱龙锡不顾崇祯帝正在盛怒之中，当场表示反对说：

“朱一冯不知实情，虽有罪过，但不能和弃城者同罪。何况他的驻地较远，救应已来不及，他不该受此重惩。”

崇祯帝见群臣不语，只有钱龙锡反对，心中十分不悦，怪声道：

“朕这是在警诫天下，不必按常例办理，你难道不明朕意吗？”

钱龙锡犹是不肯相让，他加重语气，朗声说：

“警诫天下也不能赏罚无度，陛下切不可意气用事。此例一开，从此百官人人畏惧，想必更有害处。臣奉劝陛下息怒，不要让朱一冯蒙受冤屈。”

崇祯帝见钱龙锡如此执拗，脸色十分难看，他高声道：

“朕不听你的谏言，便不是明君？你太高看自己了吧！朕信任你，却也不能容你为朕做主，你太不识抬举了！”

钱龙锡还想继续辩解，担心他安危的大臣强行把他拉出殿外，并派人送他回府。

第二天，钱龙锡又劝谏崇祯帝轻罚朱一冯。他颤声说：

“臣不是有意和陛下对抗，乃是不想让陛下任性行事。时下万事艰难，赏罚严明是最重要的，在此失去章法，官吏就会颓废心乱，臣担心他们不会尽心做事了。惩治一个朱一冯容易，而收取天下人心困难，陛下为了大局，暂请放下心中的怒气吧！”

崇祯思量多时，终于听从了钱龙锡的谏言。他故作一笑说：

“朕若不是明君，你钱龙锡已被杀过多次了，你大可庆幸了。”

钱龙锡心中欢喜。他的朋友却愁眉不展，对钱龙锡说：

“皇上的言语分明对你不满，你难道听不出来吗？伴君如伴虎，你若只争事理，不察皇上之意，将来就难测了。”

钱龙锡只道：

“皇上纳谏，可见皇上圣明，我没有什么担心的。”

后来，钱龙锡终被崇祯帝所不容，遭长期关押。

原文

智者必重礼焉。

译文

有智慧的人一定会重视礼法。

释评

对礼法的重视是聪明人必然为之的。尤其是在古代，守礼方能和大众保持一致，赢得他们的支持，反之则是和天下人相抗了。人心所向是智者遵循的大道，在此不可突出“个性”。一个人的力量是有限的，不借助大众的力量，就难有大的成就。

事典

樊子盖的敬畏

樊子盖

初仕北齐，北齐亡，归北周。入隋，历任枞阳太守、辰州刺史、武威太守、民部尚书、东都留守等职，为官清廉谨慎，不纳贿，治军严，平叛乱有功，封建安侯，大业十年（614）晋爵为济公。七十二岁卒于京，谥曰景。

镜 鉴

礼法是代表着大多数人利益的社会规则，不守礼法意味着与众为敌。

隋炀帝时，武威太守樊子盖政绩卓著，远近闻名。

大业三年（607），樊子盖入京朝见炀帝。炀帝把他领进内宫，特别加以奖励。炀帝还问他说：

“你治理地方有功，有何心得？”

樊子盖说：

“臣重礼守法，为民表率，这才会令人信服。”

炀帝一笑说：

“重礼守法不是人人都能做得到的，你为何能坚守下来呢？”

樊子盖说：

“臣不敢撒谎。不过依臣看来，对礼法的敬畏并不是怯懦，只有敬畏它，才能遵守它，这样方可免祸。而那些离经叛道之人胆子是大，可往往因此送命。在臣看来，他们都不是聪明之人哪！”

炀帝对樊子盖大加赞赏，提升他为金紫光禄大夫，赏赐物品众多，不过依然让他担任太守之职。

炀帝的一位宠臣对炀帝说：

“陛下欣赏樊子盖，当把他调入朝中，委以重用，陛下又为何仍叫他在外地任职呢？臣实在糊涂了。”

炀帝长声道：

“樊子盖忠贞无比，喜欢进谏，朕若把他放在身边，岂不是再无清静之日？朕喜欢游玩，樊子盖一定看不顺眼，还是让他在外效忠为好。这样，朕也轻松多了。”

宠臣私下对家人说：

“皇上说是喜欢忠臣，实际上却是放逐忠臣，皇上这是叶公好龙啊！皇上轻视礼法，做事乖张，天下人心定有怨怪了。”

大业五年（609），炀帝打算西巡，前往吐谷浑。樊子盖上疏说：

“陛下西巡，耗费甚大，此事还是慎重为上。爱惜民力是圣君所为，也是礼法的要求，陛下不可轻易违犯礼法。”

炀帝不听劝阻，仍坚持西巡。因为吐谷浑多瘴气，樊子盖于是进献青木香，以抵御潮湿。他对炀帝说：

“臣忠于陛下，唯恐陛下的言行遭人非议。陛下既已下了决断，臣只好略表忠心，为陛下分忧。”

炀帝在回朝时召见了樊子盖，他对樊子盖说：

“朕知道你的忠心，特向你宣慰。”

樊子盖叩头谢恩，进言说：

“陛下虽富有四海，但也要崇尚节俭，如此天下人才会朴素纯正，不求奢华。这是陛下应该做的。”

炀帝不快道：

“天子巡游，并不是为了享乐，难道你不知这一点吗？你指责朕行事奢华，这是毫无道理的。”

樊子盖动情道：

“臣不敢指责陛下，臣只是提醒陛下守礼重法。天子也不能任性妄为，否则便会失去民心，最终会为敌所乘。臣不敢要求陛下什么，只求陛下以天下为重，不要任性行事。”

炀帝见樊子盖说到动情处竟流下泪来，于是不忍责怪他，只道：

“你的话很在理，朕记住便是。不过你并没有明了实情，不要凡事都误解朕啊。”

樊子盖多次苦劝炀帝，炀帝总是以各种借口加以搪塞。樊子盖十分忧心，他私下对家人说：

"皇上不听劝谏，一意孤行，朝政日益混乱，民生日益凋敝，皇上迟早会为此付出惨重代价的。"

果不其然，在隋炀帝的倒行逆施之下，民怨沸腾。大业十四年（618），右屯卫将军宇文化及等煽动军士进入宫中，隋炀帝最后被逼自缢而死。

原文

贤者必助人焉。

译文

贤德的人一定会帮助他人。

释评

人都是有心的，也是有情的，对他人弄奸使诈，就不要怪他人没有回报以真心实意。贤德的人相信人世的真情，他们帮助他人，用以培养自己的品德；同样，人们回报贤德的人以尊崇和拥戴，使他们万古扬名。

事典

得遇明主的张存仁

张存仁

清初大臣。本为明宁远副将，崇祯四年（1631）降后金。清兵入关后，随都统叶臣略定山西、取太原。旋从豫亲王多铎攻河南、江南。顺治二年（1645），管浙江总督事。疏请开科取士，以安人心。旋授兵部右侍郎，兼都察院右副都御史。后授兵部尚书。

镜　鉴

既有才能，又得信任，才能成就大事。

清崇德元年（1636）五月，朝廷设立都察院，列于六部之上，任命张存仁为承政，并授予一等梅勒章京的世职。

张存仁乃是明朝的降将，太宗任命他担任如此重要的职位，许多大臣都有异议。他们对太宗说：

“都察院负有监察百官的大任，一个降将如何能担此重任呢？陛下轻易相信此人，当心有失啊！”

太宗见群臣不满，正声道：

“张存仁既然归降了大清，就是朕的臣子，朕怎会无端猜忌他呢？如是这样，又有谁敢投靠我大清？朕真心待他，相信他必会报以忠心。”

张存仁感恩不尽，他在给太宗的奏疏中表态说：

“陛下任用臣，不仅是对臣的信任，也是对汉人的信任，这正体现了陛下的贤德啊！臣诚惶诚恐，只有誓死尽忠，以报陛下。”

过了几日，张存仁又上疏说：

“臣自从归顺以来，默默观察众大臣贤明与否，以及政事的得失，但不敢越出自己的职位妄加评论。现在陛下设立了这个官职，臣担当重任，就要公正无私地办事了。臣不怕他人忌恨，只求陛下支持。”

太宗十分爽快地答应了张存仁的要求，对张存仁说：

“你为国尽忠，不必有任何顾虑，朕会做你的后盾。”

张存仁感动万分，他对朋友说：

“皇上的圣明，可从这件小事上看出来。我一定不负皇上的重托。”

张存仁从此直谏不断，对群臣的得失一一奏报。他不怕得罪人，完全据实上报。太宗对他的做法十分满意。

清军攻打锦州城，攻了数年，也没有攻下，太宗十分焦虑。张存仁为了报答皇恩，日夜谋划，为太宗出主意说：

“攻打锦州，必剪其羽翼，以削其势。臣建议在广宁驻兵，控制通往宁远和锦州的门户，如此可孤立锦州。”

为了激励太宗，张存仁又对太宗说：

“进攻一个地方，容易得到好处，而围攻一座城池，很难立刻见功效。陛下当振奋军心，不可焦躁。只要坚持下去，必会功成。”

太宗对张存仁的建言一一采纳，他对张存仁说：

“难得你如此关心国事，为朕分忧，你辛苦了。”

张存仁恳切地说：

“陛下厚待臣，臣又怎能不忠君呢？陛下乃是世所少见的贤德之主，臣只有追随陛下，效犬马之劳！”

张存仁一心为太宗尽力。有人嫉恨他，无端攻击他说：

“张存仁终究是个汉人，他是不会真心向着我大清的。臣怀疑他现在是在骗取陛下的信任，实际上暗助明人。”

太宗气愤道：

“张存仁真心助朕，费尽心力，朕岂能容别人诬陷他呢？”

太宗惩治了进谗之人。张存仁得知此事更加感动，他对家人说：

“此事看似平常，却可见皇上的贤德之心。我庆幸得遇明主，立誓为朝廷鞠躬尽瘁！”

张存仁随后又上奏，为攻打锦州出谋划策，他说：

“围困坚固的城池，一定要留下一道缝隙。锦州虽然不是非常坚固，也应留下山海关作为缝隙。”

太宗采纳了张存仁的谏言，最终于崇德七年（1642）攻克了锦州。

谏上卷 第四

不敬上，无以谏也。
少才识，无以动也。
言尽述，无以宠也。
上明则下直。
上昏则下惑。
上虐则下诺。
事不揽功。
人不揭私，过不护己。
正而慑上焉。

本卷精要

- 规劝他人，不能失去敬重之意。
- 说话要想打动人，首先必须积累学识。
- 上司贤明，下属就会直言无忌。
- 上司昏庸，下属就会巧言迷惑。
- 上司暴虐，下属就会消极顺从。
- 不要总把功劳挂在嘴上。
- 不要推卸自己的责任。

原文

不敬上，无以谏也。

译文

不敬重上司，就无法劝谏上司。

释评

规劝他人，不能失去敬重之意，否则就会令人不悦，难以收到成效。在古代，劝谏上官更应注重礼节，态度平和，若是言语生硬，心急气躁，便有以下犯上之嫌，不仅劝谏无功，反而可能得罪上官。

事典

苏威的祸因

隋文帝时，苏威为尚书右仆射，掌管国家政务。

苏威性格耿直，喜欢直谏。他多次和文帝当面争执，有时吵得面红耳赤。苏威以直谏为能，还为此对同僚说：

“做个忠臣就要敢于直谏，如果一味顺从皇上的意思，又怎能纠正皇上的失误呢？”

苏威的朋友曾对他说：

“皇上有君主的威严，你在任何时候都要牢记这一点，不可令皇上尴尬。你毕竟是个臣子，不可和皇上发生争执，更不能对皇上大呼小叫。”

苏威不屑道：

“皇上知我甚深，皇上都不怪我，难道你还要责怪我？正所谓忠言逆耳，我是真心劝谏，不似你处处圆滑。”

朋友事后对他人说：

“苏威虽有才学，但过于自傲。他以忠臣自居，对皇上言语冲撞，长此下去定会给自己带来麻烦。”

苏威的儿子苏夔，喜欢招揽宾客，四方的士大夫很多都来归附他。

一次，苏夔和国子博士何妥发生争执，互不相让。百官们心向苏威，大多支持苏夔。何妥大感屈辱，他气愤道：

“我讲学四十多年，今天却被一个小孩子欺侮，可见其父苏威是何等猖狂了。”

何妥于是上书弹劾苏威，控诉道：

“苏夔仗着父亲苏威的权势，收买宾客，拉拢百官。而苏威更是勾结朋党，树立自己的权威，还以不正当手段为堂弟苏彻、苏肃等人谋求官职。苏威一向仗势欺人，被他无端训斥的人不可胜数。”

文帝早对苏威有所不满，见到奏书立时变色说：

“苏威对朕都有不敬之举，何况是对待他人呢？朕相信何妥所言非虚，这个苏威真该受到惩罚了！”

一位大臣见文帝动怒，忙劝谏说：

“苏威一向忠贞，他的性格陛下也是知道的。况且，苏威富有才干，是国家的栋梁，陛下不可严惩他啊。”

此话一出如同火上浇油，文帝离座而起，怒道：

“对朕不敬，这就是苏威的性格？苏威实在是太狂妄了，他纵是国家的栋梁，朕也不能任他横行！”

文帝命人审查苏威。他还把苏威召来，当面痛斥他说：

“你总是攻击他人，可是你自己也有污点，看来你是个伪君子！你现在还有什么要对朕说的吗？”

苏威见文帝大怒，顿时惶恐不已，他连连磕头，不敢多说一句。

文帝罢免了苏威的官职，削夺了他的爵位，让他回府思过。因为受到苏威的株连，被定罪的有一百多人。

苏威感到委屈，他对家人说：

“从前我多次和皇上理论，也没见皇上如此动怒。如今就因为何妥的弹劾，皇上竟这样惩治我，这是为什么呢？”

家人说：

“冰冻三尺，非一日之寒。通过此事可知，皇上早就对你有怨气了，以前皇上只是隐忍不发罢了。你向皇上进谏，如同和老友争辩一般不留情面，你伤了皇上的自尊，也在无意中得罪了皇上。都怪你平时的言行没有遵循君臣之礼啊！”

苏威呆坐不言，后道：

“你说的没错，皇上一定是因此忌恨我了，现在皇上只是借题发挥罢了。看来皇上就是皇上，任何时候都要严格遵循君臣之礼，言行举止都不能不注意到皇上的心思。否则，离致祸就不远了。”

苏威找到了祸因，于是上疏向文帝赔罪，态度极其诚恳。苏威连番上疏，对文帝多加吹捧，文帝的怨气渐渐消散。一年之后，文帝恢复了苏威的爵位，并任命他为纳言。

原文

少才识，无以动也。

译文

缺少才学见识，就无法打动上司。

释评

没有内在的修养，一个人的言语势必是苍白的；缺少才学见识，一个人的建言必定是轻飘的。真正打动别人的是有价值的东西，不可离开这个中心而只求讨好别人。学识不会在一夜之间速成，要靠加强学习和日积月累。不要担心得不到重用，有才学的人终会有用武之地。同时，有了才学也不可傲慢自大，否则只会把才学的光芒遮蔽。

事典

满腹经纶的裴遵庆

裴遵庆

唐代大臣。玄宗天宝时，擢吏部员外郎，判南曹，详而不苛，世称吏事第一。肃宗时，为吏部侍郎。萧华辅政，屡荐之，拜黄门侍郎、同中书门下平章事。代宗时，迁太子少傅。罢为集贤院待制，改吏部尚书，以尚书右仆射复知选事。朝廷优其老，听就第注官，时以为荣。

镜　鉴

人才好比锋利无比的兵器，不言不语也会让居上者爱不释手。

唐朝时，绛州闻喜人裴遵庆不仅机智聪明，而且学习刻苦，广泛涉猎各类书籍。尤其令人敬佩的是，裴遵庆虽然满腹经纶，但是他从不故意显耀，且对人从无傲慢之态。

一次，裴遵庆的亲人对他说：

“你有大才，不该埋没乡间，你应去为朝廷效力啊！”

裴遵庆说：

“我自觉学识不够，仍需用心研习，如果急于求取功名，只怕难以胜任朝廷交付的重任，往后不免受辱。”

裴遵庆迟迟不肯出仕，令人大为不解。有人问他说：

“苦读诗书却不去做官，岂不是白白浪费了大好时光？你真的一点儿也不急吗？”

裴遵庆不紧不慢地说：

“我不担心无官可做，我只担心不能担当大任。”

裴遵庆年纪大了之后，才入朝为官，做了大理寺丞。

裴遵庆依法断案，学养深厚，很快便引起了人们的注意。一位重臣赏识他，私下把他请入府中，问他说：

“你有如此大的才识，为何久被埋没呢？我为你感到惋惜啊。”

裴遵庆淡淡地说：

“下官不是不幸，而是自己选择先苦练本领。下官如果贸然就职，唯恐有负朝廷信任。”

重臣连声感叹，说道：

“人人都苦心钻营，只怕落于人后，哪有似你这样忠厚之人呢？我一定要向朝廷郑重地举荐你。”

裴遵庆随后升任司门员外、吏部员外郎，专门主持选官事务。

有人对裴遵庆的才能表示怀疑，于是对玄宗说：

“选官事务关系到为朝廷选拔人才的大事，岂可托付给一个为官不久的裴遵庆呢？裴遵庆定是私下行贿，方能如此升迁。”

玄宗也有疑虑，于是召见裴遵庆直言道：

“朕不知你有何才能，你可否给朕展示一下呢？”

裴遵庆回答说：

“陛下有疑，自可将臣免职，臣不敢在陛下面前卖弄。”

玄宗长声说：

“你不敢展示，是不是因为心虚呢？”

裴遵庆叩首道：

“人不可貌相，才干也不可卖弄。臣只知为朝廷做事当不遗余力，公正无私，至于能否让陛下满意，臣就不敢肯定了。”

玄宗见他应答自如，不急不躁，且无自大之态，一时反是对他颇生好感。他对裴遵庆说：

“你先行做事，如你确有才干，朕是不会亏待你的。”

吏部每年选官人数在一万人以上，事务极其繁重。裴遵庆上任后化繁为简，提出许多新方法，办事效率提高了许多。他有超人的记忆力，更有深厚的学识，没多久，他的业绩就令人折服了。

玄宗听此消息，又召见裴遵庆，勉励他说：

“你果真是有大才的，且德行高尚，没有欺骗朕，朕该如何赏赐你呢？”

裴遵庆谦逊道：

“这都是陛下的功劳，臣只不过是略尽绵力罢了。臣别无所求，只求陛下放手让臣做事，不受谗言袭扰。”

玄宗笑着说：

“有你这样的人才，是朝廷之福，朕是不会让你蒙受冤屈的。”

杨国忠执掌大权时，排斥异己，嫉贤妒能，不依附他的人都被赶出朝廷，贬为地方官。裴遵庆也未能幸免，出朝任地方郡守。

肃宗即位后，马上把裴遵庆召入朝中。肃宗说：

“人才得不到重用，是朝廷的最大损失。裴遵庆是一个有才有德之人，朕不能冷落了他啊！”

原文

言尽述，无以宠也。

译文

把心里话全部说出，就无法得到上司的宠信了。

释评

在古代，地位低的人和地位高的人交往，有着许多的障碍。这些障碍能不能被消除，关键在于地位高的人是否有诚心，而不是地位低的人的积极主动和满腔热忱。封建专制时代等级森严，只靠地位低的人一厢情愿，是很难打动权贵的。因此，贸然把心里话全部抛出，别人不一定会因此感动，反而易授人口实，给自己带来凶险。

事典

于谨的谨慎

北魏正光四年（523），广阳王元深积极训练士兵，准备北伐。于谨被征召为长流参军，受到元深的特别优待。

于谨每次和元深谈话，都极有分寸，决不多说半句。元深认为于谨有所保留，笑着对他说：

“先生不与我交心深谈，可是不信任我吗？如果真是这样，就是先生不对了。”

于谨不加否认，他说：

“王爷高高在上，我一个草民不该高攀王爷。何况王爷的性情我一无所知，我不敢放肆啊！”

元深鼓励说：

“我请你出山，自是对你无比信任。你有话，但讲无妨。”

于谨嘴上答应，可他还是敷衍周旋，并不说出实话。

事后，一位和于谨要好的将领对于谨说：

“王爷看重你，这是你的荣幸，也是你的机遇，你为何不趁机结交王爷呢？凭你的才干，王爷只会更加喜欢你。”

于谨严肃道：

“和贵人交往，一切都要慎重，哪有你说得这么轻松？我对王爷知之不深，了解不多，如果把心里话全部道出，那么就无回旋的余地了，弄不好会让王爷误会我的。王爷若是贤德之人，日后我自会进谏；倘若不是，我也不会得罪王爷，招来厄运。”

元深为了打动于谨，还让自己的儿子跪拜于谨。元深的诚意使于谨大为感动，他对元深致谢说：

“王爷如此厚待我，我实在承受不起，王爷的情谊我永远记于心中。”

元深大声道：

“我只想让你为朝廷出力，只要能让先生满意，我是什么都肯做的。”

于谨开始为元深出谋划策，他说：

“现在天下大乱，国家破败，盗贼像蚂蚁一样聚集，朝廷只用武力镇压不是上策啊。依我之见，王爷当施展攻心之术，劝说盗贼投降，而慎用刀兵。”

元深感到意外，他说：

“盗贼凶悍，岂能说服他们？你的建言难以实行啊！”

于谨自荐说：

“我通晓几个部族的语言，这件事就让我去做吧。我知道盗贼的弱点和要求，我一定会说服他们放下刀枪。”

元深更加吃惊，他劝于谨说：

“你甘冒奇险，也未必会有成效，不如我们商议讨伐之事。”

于谨坚持招降，元深只好表示同意。

于谨对要好的将领说：

“我此次招降并无太大把握，一旦我出事，请你保护好王爷。”

将领说：

“既无把握，你就不必前往，这话你也应该告诉王爷才是。”

于谨摇头道：

“我若说出全部的心里话，王爷一定认为我是在向他邀功，他会误解我的。我和王爷尊卑有别，哪能知无不言呢？他厚待我，只不过是利用我罢了，我不可得意忘形，更不可恃宠自骄。”

随即，于谨一个人骑着马来到了贼军的军营中。他规劝盗贼说：

“和朝廷为敌，不仅伤及百姓，而且使自己性命不保，这是不明智的。现在朝廷诚心招降你们，并会恪守诺言，否则我也不敢一个人来此了。你们只要放下武器，朝廷对你们的过往一律不加追究。”

于谨讲明利害，反复劝说，贼军终于归附朝廷。事后，于谨又把所有功劳归于元深。元深认为于谨很懂事，对他赞赏不已。于谨小心侍奉元深，二人始终相安无事。

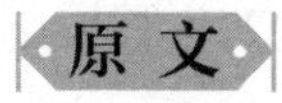

上明则下直。

译文

上司贤明，下属就会直言无忌。

释评

贤明的上司一切以大局为重，他们是不会为了个人的脸面而怪罪下属直言的，这是一种气度，更是一种精明之举。敢于直言的人如果一再遭受挫折，那么他们就会变得沉默了。对直言的奖赏不应只是口头表扬，还应是大胆采纳。直言对上司而言是宝贵的，这是下属对上司的信任，亦是下属对上司的关心，只有贤明的上司才会得到下属这种真正的敬爱。

事典

任瑰的顶撞

任　瑰

南朝陈时，年十九，试守灵溪令，迁衡州司马。陈亡，弃官。隋文帝仁寿中，为韩城尉，未几罢去。李渊起兵，有功，拜左光禄大夫，留守永丰仓。及建唐，改授谷州刺史。破王世充，以功累封管国公。后以讨平徐圆朗、辅公祏，拜邗州都督。弟任璨得罪，坐左迁通州都督，卒。

镜　鉴

要成为好领导，就要具备宽容下属的胸怀。唯有如此，才能听到真话。

隋朝末年，庐州合肥人任瑰前去拜见李渊。他对李渊说：

“我曾任陈朝的衡州司马、隋朝的韩城尉，都没有遇上明主，甚感遗憾。我听说大人虚怀若谷，善待士人，所以前来投奔。”

李渊见任瑰如此说，遂道：

“你眼中的明主，是怎样的？”

任瑰说：

“明主能广纳英才，善于纳谏，决不会因为自己聪明而拒绝他人的直

言。跟随这样的明主，下属才能一展所长。”

李渊认为任瑰见识不凡，马上任命他为河东县户曹。

李渊的一位部将觉得任瑰狂妄，他对李渊说：

“任瑰摆出高人一等的姿态，口气很大，大人不觉得他言过其实吗？大人觉得这样的人可靠吗？”

李渊摆摆手说：

“任瑰能来投奔我，可见他的赤诚，我又怎会吹毛求疵呢？你一开始就怀疑人家，这是不对的。”

李渊和任瑰交谈时，任瑰总是首先说：

“我这个人只是想做番事业，青史留名。如果大人怪我直言无忌，那么我也没有必要在此久留了。我的言行如有不妥之处，还请大人直接指出来，并恳请大人原谅。我一定会好好改正。”

李渊见他直抒胸臆，亦觉其野心不小，对他说：

“你如此直率，难怪从前不得志了。不过在我这里，你尽可大胆言事，只要说得对，我一定会采纳的。”

任瑰从此凡事直言，李渊从不责怪他。李渊还把儿子李建成托付给他，让他悉心教导。

李渊起兵后，任瑰十分兴奋。他对李渊说：

“大人早该如此，只是为时稍晚。不过这并不妨碍大人成事。”

李渊说：

“我忐忑不安，心乱如麻，你对时局有何见解？”

任瑰分析说：

“当今皇帝荒淫无道，喜欢横征暴敛，致使徭役繁重，民不聊生，天下人怨声载道。大人起兵反隋，正是为了拯救天下百姓，他们哪能不欢迎大人呢？大人只要爱护百姓，顺从上天的意愿，就一定会夺取天下，建立不朽的功勋。”

李渊对前景并不乐观，他愁苦地说：

“夺取天下谈何容易！我军实力并不占优势，而天下群雄并起，我担心大事不成，反会为人所灭呀。”

任瑰一再给李渊打气。李渊只是唉声叹气，精神振奋不起来。任瑰一见，气急脱口道：

“大人如此怯懦，何不现在就投降呢？大人真是太令人失望了！”

李渊从未受到如此严厉的指责，顿时变了脸色，指着任瑰质问说：

“你这般放肆，分明是瞧不起我，你真是该死！”

任瑰顶撞道：

“我投奔大人，是把大人视为英雄。今见你如此模样，我后悔不迭，你哪里值得我敬重呢！”

李渊暴跳如雷，命人把任瑰捆绑起来。任瑰并不抗拒，只冷冷道：

“我只不过说了几句真话，你便接受不了，可见你徒有虚名！你这个样子，又有什么资格争夺天下？”

李渊的部属为任瑰求情说：

“任瑰虽然无礼，但他是为大人的前程着急，口不择言是可以谅解的。大人在任瑰身上颇费苦心，难道一言不合就要斩杀他吗？这对大人成就大事全无好处啊。”

李渊平息怒气，暗悔自己冲动，他亲自给任瑰松绑，连连致歉。

李渊当上皇帝后，封任瑰为管国公。

原文

上昏则下惑。

译文

上司昏庸，下属就会巧言迷惑。

释评

昏庸之主忠奸不分，好歹不辨，人们追随他是没有前途的。小人喜欢

昏庸的上司，这是他们捞取私利的大好时机，而贤明的上司是不会让他们得逞的。巧言迷惑，骗取宠信，小人用这种方法对付昏庸之主，责任并不全在小人。昏庸之主听不进忠言，排斥君子，他们为人欺骗与迷惑是必然的，他们的下场也注定是可悲的。

事典

见机行事的浑瑊

浑 瑊

唐皋兰州人，本名日进。年十一，随父入朔方军。安禄山反，从李光弼定河北。又从郭子仪复两京，讨安庆绪。后又数破吐蕃军，以功拜左金吾卫大将军。德宗时，因战功，官检校尚书左仆射，同平章事，加侍中，封咸宁郡王，终邠、宁、庆副元帅，检校司徒，兼中书令。卒谥忠武。

镜 鉴

为上者狂妄昏庸，下属便喜进谄媚之言，忠直者不能与其为伍。

唐玄宗时，安禄山发动叛乱，浑瑊随李光弼出师河北，与叛军作战，收复了许多州县，因军功升任右骁卫将军。

肃宗即位后，浑瑊随郭子仪收复长安和洛阳，讨伐安庆绪，在新乡打了胜仗，任检校太仆卿，充武锋军使。

浑瑊后来跟随仆固怀恩讨伐史朝义，他多次对仆固怀恩说：

“大人想打败叛军，就要赏罚严明，勇猛果断，不使人犹豫观望，心存侥幸。现在有人仗着和大人有旧，欺凌他人，不听号令，大人一定要多加管束啊！”

仆固怀恩道：

“打仗辛苦，不比平常，不能苛刻地要求将领。我不可能做到绝对公平，只要不出大的乱子就可以了。”

浑瑊说：

“大人如此治军理事，奸诈小人便会认为有机可乘，用巧言来迷惑大人，以图私利。他们都是害群之马，长此以往定会引发灾难，大人不可任由他们胡来。”

仆固怀恩自负道：

“没有谁能迷惑住我，你的话对我毫无意义，你太不了解我了。”

浑瑊见仆固怀恩如此昏庸，心中慨叹。他对朋友说：

“大人自视甚高，其实并无大才。这样，大人只会误判形势，为小人所迷惑。我不能劝他改过，只能坐视不管了。”

朋友说：

“身为下属，进言是你的责任，你怎可灰心呢？”

浑瑊无奈道：

“不是我放弃，而是不得不这样。大人只会对迷惑他的话感兴趣，对真心话全不在意。如此之人不可理喻，他将来必有大祸。”

史朝义被消灭后，仆固怀恩野心暴涨，开始图谋不轨。仆固怀恩对心腹说：

“乱世之中，以我的才干，怎能仅仅做一名统帅呢？自古天下都是能者居之，我不该有更大的欲求吗？”

心腹只为讨好他，接着说：

“大人的想法太对了，现在大人兵权在手，只要敢作为，大事一定可成。何况大人的才干举世无双，天下难有敌手，大人实不该满足于小成。”

仆固怀恩蠢蠢欲动。浑瑊坐立不安，他劝仆固怀恩说：

“争天下者必有大德大仁，大人虽功劳不小，但没有赢取天下人心，如此行事必定徒劳无功。势利小人鼓动大人造反，他们这是要置大人于凶险之地，万不可信哪！”

仆固怀恩傲然道：

“这么说，你是反对我了？我自有把握，你当明智些才好。”

浑瑊见仆固怀恩目露杀气，心中一颤，连忙说：

“我不敢反对大人，只不过替大人担心而已。大人的才能人所共知，我只怕大人虑事不周，这才在一旁提醒。”

仆固怀恩见浑瑊如此表态，脸色一松，拉拢道：

“你是为我好，我不怪你。你可尽心为我做事，将来我会给你更大的富贵。”

浑瑊的朋友责怪他劝谏无力。浑瑊长声一叹道：

“劝谏英明之主是有效的，劝谏昏庸之主则可能给自己带来凶险哪！我已尽心，并无遗憾，现在只有见机行事了。”

后来，仆固怀恩发动叛乱，命令他的儿子和浑瑊包围榆次。浑瑊私下里对亲信说：

“仆固怀恩昏庸已极，他是注定要失败的，我们追随他只会白白送命，而且会留下骂名。我决心弃暗投明，归顺朝廷，你们一定要支持我，切不可执迷不悟。”

浑瑊得到众人的支持，于是率部倒戈。

原文

上虐则下诺。

译文

上司暴虐，下属就会消极顺从。

释评

权力并不是万能的，自恃有权、暴虐不仁的当权者令人惧怕，却不能令人心服。人们只会诅咒他，用各种隐蔽的方式和他对抗。消极顺从表面上看起来平静，实际上这种屈服只是一种假象。当人们不愿为暴虐的当权者进献一句真话时，就意味着他们已彻底失望，也彻底抛弃当权者了。这时，暴虐的当权者就成了真正的孤家寡人，但只有大难来临时，他才会意识到这一点。

事典

裴矩的顾虑

隋朝末年，炀帝在江南游玩，住在江都宫。当时，各地的盗贼蜂拥而起，郡县上报盗贼情况的奏章不可胜数。

大臣裴矩将这些情况报告给炀帝。炀帝发怒说：

“朕并无过错，百姓为何造反呢？朕是平日太仁慈了！”

裴矩见炀帝毫不自省，反迁怒于百姓，便小心进言道：

“陛下连年征伐，四处游玩，耗费甚巨，百姓苦不堪言，他们只是强行忍耐罢了。陛下一定要挽回民心，弥补过失。”

炀帝更加愤怒，他高声骂道：

“是朕的不对吗？你这是在胡言乱语！”

裴矩见势不妙，急忙叩头求饶。

从此，裴矩再也不敢言事。他对同僚说：

“皇上不喜欢听盗贼的事，我们还是不上报好了。我险些因此丧命，只有顺从皇上才可自保啊。”

炀帝平日对大臣就苛刻，时下更是常常发火，群臣都躲着他。炀帝提出的主张，群臣都不敢反对，只能表示赞同。炀帝见群臣如此听话，还得意地对近侍说：

“治吏就要树立威严，朕现在不苟言笑，群臣就乖巧多了，这是件好事啊！”

近侍附和说：

“陛下不能纵容臣子，否则就会助长他们的不敬之心。不敬之心一旦滋长，后果是很可怕的。”

一次，炀帝问群臣说：

“现今盗贼横行，你们可有灭贼之策？”

群臣害怕说错话，都不言语。

炀帝接着问裴矩道：

“你素有见地，你先说说，如何？”

裴矩心有顾虑，只应付说：

“陛下英明，想必早有了灭贼之策，臣不敢妄言，恳请陛下明示。”

炀帝认为群臣怕了自己，脸上一笑。他没有再问，转身离开了殿堂。

群臣对裴矩说：

“你不肯进献一策，皇上竟没有责怪你，我们刚刚都为你捏了一把汗哪！”

裴矩苦笑道：

“皇上点名问我，否则我也不会开口说话。你们担心我是假，保全自己才是真。”

众人相视一笑，纷纷散去。

一日，炀帝派人到裴矩的家中，问他如何灭贼。裴矩百般推托。来人道：

“皇上命你一定要有所建言，你不说我是不会走的。”

裴矩只好道：

“皇上远在江都，不便于掌握盗贼的最新情况，及时进行讨伐，我建议皇上速回京城。”

来人将裴矩的建言报告给炀帝。炀帝听过便怒，他叫道：

“回京路上盗贼不断，裴矩这是要将朕置于险地啊！”

炀帝又当面斥责裴矩，群臣听了都感心寒，庆幸自己没有进谏。

裴矩十分懊悔，他对家人说：

“皇上暴虐待人，导致天下大乱，大厦将倾，可叹皇上至今仍不醒悟！我有心报国，却连遭斥责，皇上已不值得我尽忠了。”

裴矩透过此事，也进行了自省。他说：

“不以恩义待人，是会结下仇怨的，我在这方面也有缺失啊。一旦权位不在，我将何以自保呢？”

裴矩从此宽以待人，不用官威逼迫别人顺从自己。他对身边的奴仆也和颜悦色起来，人们越来越亲近他。

宇文化及发动叛乱时，裴矩没有半句指责之词，他说：

“宇文化及更加残暴，我犯不着为了泄愤而被他杀死。”

裴矩前去拜见宇文化及，表示无条件服从他。宇文化及失败后，裴矩投靠了窦建德。窦建德战败后，裴矩又归顺了大唐。

原文

事不揽功。

译文

说事情的时候不要揽取功劳。

释评

封建专制时代，臣子的功劳越大，越会引起君主的猜忌。对那些把功劳挂在嘴边的臣子，君主是最反感的，他们的处境也是最危险的。人人都想将功劳归于自己，身为臣子如果不明白君主的这种心理，他们就难以和君主相处了。因此，谈论功劳时，一定要懂得谦让和低调。

事典

难为自己的文彦博

文彦博

北宋进士。累迁殿中侍御史。历仕仁、英、神、哲四朝，出将入相，有五十年之久。

镜　鉴

臣子建立了再大的功勋，也要将功劳分归于君主，这才是能长久立足的做法。

北宋仁宗时，贝州的王则发动叛乱。朝廷派明镐讨伐他，很长时间未

能取胜。

参知政事文彦博见战事不利，心急如焚。他对仁宗说：

“乱贼一日不灭，朝廷一日不安，臣请求前去平定叛乱。”

仁宗知道文彦博的才能，于是任命他为宣抚使，前去平叛。

文彦博的朋友担心他，急道：

“你若建功，定会遭到他人的嫉妒；你若失败，皇上一定会惩罚你。二者都对你不利，你不该主动请战啊。”

文彦博自信地说：

“对付乱贼我是有办法的，我不能袖手旁观，使朝廷受害。我现在顾不得其他的事，还是剿灭乱贼要紧。”

文彦博周密部署，大胆用兵，没多久就击溃了叛军，把王则装入木笼押送到京城。仁宗在大殿召见文彦博，盛赞他立了大功，文彦博却说：

“没有陛下的英明和决策，乱贼是不可能被迅速剿灭的。臣只不过挂个虚名而已，哪里有什么功劳呢？”

仁宗更加高兴，他对百官说：

“战事艰难之际，文彦博自请平叛，已是十分难得了。更可贵的是，平叛成功后，他不居功自傲，反而谦逊如常。你们之中又有几人能做到呢？朕实在是欣慰啊！”

文彦博被提升为同中书门下平章事、集贤殿大学士，高居宰相之位。

文彦博操心政务，主张裁减军队，提出了一个裁减八万士兵的方案。群臣议论纷纷。有人公开反对这一裁军方案，说：

“裁减下来的士兵一定会聚众为盗，何况眼下国家正是用兵之际！文彦博不明情由提出此议，对朝廷和百姓都是不利的。”

一位同僚劝文彦博放弃此议，他说：

“大人初登相位，一切当以平稳为重，不必急于建功，以免激起大的变故。大人不应此时裁减士兵。”

文彦博说：

“身在其位，不谋其政，这是庸人的做法，我是不屑为之的。裁减士兵利国利民，虽有难处，我也是一定要做的。”

对文彦博不满的人借机攻击他，他们对仁宗说：

“文彦博只会树立个人权威，而置国家安危于不顾，他是有野心的。裁减士兵必酿大祸，陛下应惩罚他。”

仁宗召见文彦博，不安道：

“现在许多人都不赞成你的主张，可见此事风险极大，你还要坚持吗？”

文彦博坚定地说：

“若听他人议论，事事都难以确定，如此就很难做事了。臣以为此事可行，陛下不要顾虑太多。”

见仁宗沉吟不语，文彦博又进言说：

“现在官府和百姓都很贫困，就是因为士兵太多，消耗太大。一些士兵闲来无事，只会吃粮扰民，裁减他们，非但无害，而且有利。臣做过认真的考察，并不是鲁莽之举。”

仁宗长叹一声，苦道：

“事若不济，又该如何呢？”

文彦博明白仁宗的心思，他不想言退，于是坦言道：

“臣力主其事，倘若产生不好的后果，臣愿领死罪。”

文彦博之言令仁宗惊讶不已，他说：

“你已位居宰相，又没人逼迫你，你为什么如此难为自己？”

文彦博悲声说：

“臣不如此，便难以做一件实事。臣只能以此激励自己，务求成功。”

文彦博的方案最终得到了执行，还进行得很顺利，没有什么变乱发生。文彦博心中暗喜，第二天就向仁宗道贺，极言仁宗英明。仁宗十分满意，赏赐给文彦博很多财物。

人不揭私，过不护己。

译文

说他人不要揭露其隐私，说过失不要袒护自己。

释评

在不违背法律和社会公序良俗的情况下，人们合理地拥有隐私。无端或为私愤揭人隐私是不道德的行为，乐于干此事者，不是小人，便是恶人，都是可耻的。只会谈论他人过失而不检点自身错误的人，都是自私的，也是极不负责的。实际上，没有人会永远正确，袒护自己就是在掩盖缺点和错误。这样的人不仅不能进步，而且还会犯更大的错误。勇于承担责任，对树立自己的正面形象更为有利。

事典

堂堂正正的赵普

宋太祖在位时，重用赵普，任命他为宰相。

朝中有人忌恨赵普，千方百计诬陷他。赵普对此十分生气，他对太祖说：

“臣为陛下器重，担任相位，并没有什么过错。只是有人想取而代之，就诬陷臣，请陛下明察。”

太祖安慰赵普说：

“朕自能分辨好言恶言，你尽心做事便可，不要为此分心。”

一次，赵普派人去秦陇地区购买建房的木材。这件事被人知晓，于是一位大臣就奏报太祖说：

“赵普表面公正无私，其实贪图享受，他始终在欺骗陛下。赵普为建私宅，不远千里去秦陇地区采购木材，花费甚巨，可见他是多么奢侈！臣认为赵普不堪大任，有贪赃枉法之嫌。”

太祖就此事问近侍说：

“赵普身为宰相，有人上奏说他有贪赃枉法之事，你们怎样认为？”

近侍回答说：

"贪赃枉法不是小罪，一定要有真凭实据，陛下不可轻易下结论。"

不过，太祖还是怀疑赵普，于是命人调查此事。

后来证明赵普确有采购木材之事，太祖据此推断说：

"赵普花费大量钱财采购木材，若不贪赃收贿，岂能为之？朕不想深查了，赵普当有大罪，必不为假。"

太祖想下令将赵普赶出朝廷。在家休养的老臣王溥听说此事，便写信对太祖说：

"赵普居于高位，奸险之人想拉他下马，一定会对他百般攻击，这并不奇怪。赵普为建住宅而采购木材，这本是个人的私事。据此诬陷他的人，又有什么道义可言？赵普并不是犯了什么大罪，此事也与他人无关，奸险之人只想借此达到自己的目的，这是陛下一定要看清的。"

太祖被点醒，释然道：

"揭人隐私，只有小人和恶人才会如此。朕怎能相信他们呢？"

宋太宗时，赵普受到卢多逊的诋毁，于是太宗疏远了赵普。赵普的亲人见赵普心情压抑，出主意说：

"大人屡受攻击，饱受冤枉，这样下去是不行的。小人不可原谅，大人也应该以其人之道还治其人之身。"

赵普责怪道：

"你们想让我也做个小人吗？小人终是小人，最终会被所有人憎恶。我反击他们也要堂堂正正，岂可用下流手段？"

一次，有人把卢多逊的私事报告给赵普，希望他用此打击卢多逊。赵普不等听完，马上出言道：

"你这不是帮我，而是让我做卑鄙的小人哪！"

一日，太宗私下征询赵普对群臣的看法。赵普婉拒道：

"背地里议论人有失磊落，臣不想对群臣妄加评议。"

太宗说：

"朕让你谈论，又不是你私自进言，你何必如此啊！"

赵普郑重道：

"臣对群臣并不都了解，说话难免会有偏失。若是因此影响了陛下判断，

对朝廷和个人都有损失。臣不想这样，更希望陛下自主判断，勿发此问。”

太宗事后慨叹道：

“有些人只怕没有机会诟谗他人，只怕别人没有把柄抓在自己手上，他们和赵普相比，真是太渺小了。朕不该相信小人的谗言，使他受委屈。”

于是太宗重用赵普，封他为梁国公。

原文

正而慑上焉。

译文

一身正气可使上司敬畏。

释评

一个劣迹斑斑的人说话是没有分量的。正气凛然是一股无形的力量，任何人都会感受到它。打铁还须自身硬，这是进行有效劝诫的首要前提。如果自己有失，那么就不能理直气壮地劝诫他人。有些人不敢抗争，不敢力谏，原因就在于此。权力不能抹杀正气和正义。坚信这一点，才能不畏权势，为民请命。

事典

吐露心声的陆逊

三国时期，吴国的中书典校吕壹窃据要职，滥用权力，作威作福。

大臣陆逊和潘浚都为此担忧，痛心不已。陆逊想劝谏吴主孙权，潘浚却阻拦道：

“吕壹阴险狡诈，陛下都被他骗了。你若进谏，只会遭到他的陷害，你不可冒险。”

陆逊伤心道：

“陛下英明，为何竟被小人愚弄？我实在不解啊。”

潘浚一叹说：

“吕壹善于伪装，陛下把他当作忠臣看待。想让陛下醒悟，只有揭穿他的嘴脸，可这很难办到啊！”

陆逊受到提醒，于是不再抱怨，开始私下搜集吕壹的犯罪证据。待时机成熟，陆逊便对孙权说：

“如果我说吕壹奸诈，陛下一定不会轻信。可如果臣有吕壹的罪证，陛下又该如何呢？”

孙权一笑说：

“吕壹为朕信任，攻击他的人很多，这是人们在嫉妒他。你不可轻信他人之言，还是勿管此事为好。”

陆逊见孙权态度轻慢，大受震动，大声说：

“陛下宁信其人，不信实证，真是太纵容吕壹了。陛下这是办事不公，臣不敢苟同。”

孙权心中一凛，忙道：

“朕不是纵容吕壹，只是不太相信此事罢了，你误会朕了。”

孙权看过陆逊呈上的弹劾吕壹的奏疏，脸色顿时黯淡下来。他问陆逊说：

“吕壹胆大妄为，竟至于此，你敢保证确有此事吗？”

陆逊胸有成竹，高声说：

“若有半点儿不实，臣愿受死！”

孙权见陆逊这般自信，只好表态说：

“若吕壹欺瞒朕，朕一定不会饶恕他，你大可放心。”

后来，吕壹的罪状都被一一查实。孙权下令杀掉吕壹，他为此自责说：

“朕用人失察，不听忠言，幸亏陆逊直谏，方使吕壹伏法。陆逊一身正气，朕实在是敬畏他。”

后来，孙权把改革陈规的大事交给陆逊办理。陆逊大胆道：

“臣办事认真，若有冲撞陛下的地方，请陛下勿怪。”

孙权肃然道：

“朕若无失，你就不会有冲撞之举。朕命你办事，你尽可直言。”

为了减轻百姓负担，陆逊提议不要增加赋税。他说：

“国家以百姓为根本，国家强盛要靠百姓的力量，钱财要靠百姓的贡献。民富国强，这是从来没有错的。如果百姓得不到实际利益，而让他们竭尽力量来报效国家，便是十分困难的。请陛下赐下恩泽，让百姓们过上安定的日子，这才是长远之计。”

孙权不悦道：

“现在朝廷用度颇多，不增加赋税就难以为继，你的办法不可行。”

陆逊力谏道：

“若是横征暴敛，朝廷又有何仁德可言？陛下又怎能保证民不生乱？若只为眼前利益，大祸患就不远了。”

孙权更为不悦，命陆逊退下。陆逊却不迈步，还继续进谏，声调丝毫不减。

直到孙权悻悻而去，陆逊这才作罢。

陆逊的亲友劝他不要坚持，陆逊吐露心声说：

“陛下无理，只有我们做臣子的不肯退让，陛下才会收回成命，不犯大错。我是为民请命，为陛下尽忠，岂能放弃呢？”

最后，孙权纳谏，没有增加百姓的赋税。

诫下卷 第五

惠人勿虚。
惩人必实。
谦以求贤。
静以应变。
傲者抑之。
佞者远之。
智者倚之。
庸者诘之。
眷人，人眷也。
苛人，人苛也。

本卷精要

- 言出必行，承诺要落到实际行动上。
- 谦逊是一个人应有的美德，更是一种人格魅力。
- 在应对变故时，一定要镇静。
- 对心高气傲的人要抑制。
- 对奸伪的人要疏远。
- 对有智慧的人要倚重。

原文

惠人勿虚。

译文

予人恩惠不要只说空话。

释评

不能兑现的承诺，只会让人们产生怨恨之情。领导者要言出必行，说话要慎重，许诺要落实。这不仅是领导者必备的素质，而且是领导者的基本道德。只说空话的人多是心存侥幸的，他们骗取人们的信任，只想利用他们而不使自己受到任何“损失”。事实上，这只会造成他们自身的信任危机，令其信任彻底“破产”。

事典

陈述得失的林俊

林　俊

成化十四年（1478）进士。授刑部主事，进员外郎。曾上疏请斩僧继晓，触帝怒，下狱，贬姚州判官。寻复官。正德时，以右副都御史巡抚四川。嘉靖时官至刑部尚书。林俊刚直敢谏，廉正忠诚，是成化、弘治、正德、嘉靖四朝的老臣。

镜　鉴

帮助别人，若仅口头许诺便是假仁假义。

明孝宗时，湖广按察使林俊上书陈述时政得失，他说：

“今年雨雪成灾，百姓困苦不堪，陛下当施仁政，予百姓实惠，令其度过灾年。德安、安陆建造及增修王府，工役浩繁，财费巨万，这不仅不惠民，反是扰民害民了。请陛下下旨停建这些工程，一切省俭，用以赈济百姓。这样，百姓得到实利，就不会有哀怨之情，也会安心度日

了。”

孝宗看罢奏疏，冷笑道：

“林俊不知天高地厚，却想卖弄言辞来打动朕。他这是为百姓着想吗？朕看他是为了博取个人的名声罢了。”

孝宗断然拒绝了林俊的建议。

林俊失望至极，对家人说：

“皇上只会空口许诺，不予兑现。皇上的爱民之心何在呢？连我都对朝廷失去了信心，百姓更会怨声载道。”

林俊想辞官，家人反对说：

“你人微言轻，即使牺牲自己也不能改变现状，不如装聋作哑吧！”

林俊苦声道：

“人无信不立，何况是朝廷呢？我实在无法面对百姓了。”

弘治九年（1496），林俊以病辞官，没有得到批准就直接回家了。

林俊回到家乡，用自己的积蓄救济穷困乡亲，自己却生活俭朴。他的亲戚对他说：

“你辞去了官职，没有了俸禄，应当为自己多想一想，就不要施舍钱财了。”

林俊纠正说：

“我不是在施舍，而是真心帮助他们。帮助他人不能说空话，这样才能得到人们的信任。若不肯办一件实事，便是假仁慈，人们只会讨厌我。”

林俊的贤名传到朝廷，不少大臣为之感动。有人对孝宗说：

“林俊在家救济贫苦，为朝廷分忧，这是真正的忠臣所为。陛下不应任他流落在外，当起用他为朝廷效力。”

孝宗出言说：

“林俊主动辞官，想必是不想为朝廷效力了。朕又何必难为他呢！”

先后有多人向孝宗荐举林俊。他们恳切地说：

“林俊有才有德，任其埋没乡野是朝廷的损失。陛下若能重用他，必能深得百姓拥护，朝廷当会更得民心了。”

孝宗最后接受了群臣的请求，起用他为广东右布政使。

林俊以病为借口拒绝这一任命，私下却道：

“皇上不听谏言，我不能为百姓分忧，做官又有何用？”

亲人劝他说：

“你不在朝中，连个进谏的机会都没有了，这不更可惜吗？你不要自毁前程，还是马上赴任吧！”

林俊不愿答应，仍是拒绝。

孝宗十分恼怒，想要惩罚林俊。有人劝谏孝宗说：

“林俊名望颇高，忠心可表，陛下不能惩罚忠臣。林俊关心百姓疾苦，陛下不如对他另加任用。”

于是朝廷任命林俊为南京右佥都御史，提督长江防务。

林俊的家人担心他再次拒绝，想好好劝劝他。不想这次林俊却欣然接受，他动情道：

“为百姓治理水患，这是不可推卸的责任，我可以为他们办点儿实事了！”

林俊任职期间，勤于政事，不厌其苦，做出了很大的成绩。

原文

惩人必实。

译文

惩罚罪人一定要用实际行动。

释评

惩罚犯错之人一定要付诸实际行动。犯错之人得不到实质性的制裁，是不会吸取教训的，人们更会对公理提出异议。用对罪犯的实际惩罚来警诫人民，是无言胜有声的高明之举。

事典

欧阳铎的锐气

欧阳铎

以善理财知名。明正德三年（1508）进士。累官至右副都御史，巡抚应天等十府，并督理粮储，实行了影响深远的赋役改革。后任南京兵部侍郎，进吏部右侍郎。

镜　鉴

惩戒不良行为只有落到实处，才能真正起到警醒作用。

明正德三年（1508），泰和人欧阳铎考中进士，授官行人。欧阳铎心忧国事，他对同僚说：

"我等志在报国，并不是为了享受富贵，你们可想和我一同进谏吗？"

同僚笑他幼稚，对他说：

"江山是皇上的江山，皇上英明，哪用得着我们进谏？一言不慎，后果不堪设想，你不要故意显露锋芒。"

欧阳铎责怪同僚软弱，他说：

"时下忠臣受难，而奸人反被宠信，这是赏罚不公啊！这种状况若不改变，朝政将会越来越混乱。你们不敢进谏，只求富贵，这是极不负责的，也是令人耻笑的。"

欧阳铎独自给武宗上书，直言道：

"奸人欺瞒陛下，犯奸作恶。他们得不到应有的惩罚，百姓就会对朝廷失望，恶人就会受到鼓励，这是陛下最该担忧的。朝廷需要用刑律来惩治奸恶，这样方能导人向善，维护社会安定。"

武宗对于欧阳铎的谏言完全不予理睬。

一次，欧阳铎出使蜀王府。蜀王送他厚礼，且说：

"你是有为之人，本王敬重你的为人，这才希望与你结交。"

欧阳铎一笑道：

“下官无足轻重，却也知道无功不受禄的道理，王爷这是抬举下官了，下官于情于理，都不能接受王爷的厚礼啊！”

见欧阳铎拒绝，蜀王不悦道：

“我并无他意，你拒绝本王的好意，不是令本王难堪吗？”

欧阳铎忙解释说：

“下官不接受王爷的厚礼，只是怕他人非议，并不是存心对王爷不敬。何况下官有职有责，下官担心一旦收了王爷的礼物，将来做事就有顾虑了，这对朝廷是不利的。”

蜀王见他说出实话，只是摇头，却不再逼迫他了。

欧阳铎任延平知府时，执法严明，不徇私情。他告诫下属说：

“我是爱护你们的，正因为如此，我才不能纵容你们。你们之中如有人犯法为恶，我是不会轻饶的。”

下属认为欧阳铎只是说说而已，并不放在心上，依然有人做出违法之事。

欧阳铎见告诫无效，便把犯法的下属抓起来，治了他们的罪。不管谁来说情，欧阳铎一律不加理会。他对下属说：

“我现在严惩有罪之人，他们就不会犯更大的罪过，百姓和朝廷就不会有更大的损失！何况我若言而无信，你们必会效仿他们，这样谁还会守法呢？我要用行动告诉你们，你们再不可胡作非为了！”

下属受到震动，人人畏惧，做出的不法之事少了许多。

一次，司礼太监萧敬的家奴杀了人，欧阳铎把这个家奴抓了起来，要依法惩治他。一位下属劝欧阳铎放了这个家奴，说：

“大人当知萧敬的势力，杀了他的家奴，就是与他结下仇怨。这种事于大人不利，不如饶过这个家奴，趁此与他交好。”

欧阳铎最恨仗势欺人之徒。他听了下属的话，反是冷冷一笑道：

“你让我巴结萧敬，有无为死者家人考虑一二呢？他们痛不欲生，盼着我替死者申冤报仇，我能让他们失望吗？你这个势利小人，又有何资格在官府做事？”

欧阳铎把这个下属赶出了官府，不再任用。

当地豪绅拿重金贿赂欧阳铎，希望他放了这个家奴。他们拐弯抹角地建议道：

“大人身在官府，一切当以前程为重，何必为了小事耽误自己？现在官官相护是常有的事，这样方好做官哪。”

欧阳铎与之针锋相对，道：

“我这个人做事从不为个人前途考虑，只为朝廷谋划。为了朝廷，我不怕任何人，更不在乎私利，你们还是免开尊口吧！”

最后，欧阳铎依法处置了这个家奴。延平百姓大喜过望，奔走相告，都说欧阳铎是个为民做主的好官。

原文

谦以求贤。

译文

求取贤人时要谦逊。

释评

居高临下、盛气凌人的人是招揽不到贤人的，因为真正的贤人不会趋炎附势，他们独立的人格必须受到尊重。谦逊是一个人应有的美德。对领导者而言，谦逊亦是他们增加自身号召力的一大筹码，更是一种人格魅力。失去了这种美好品德，领导者就难以服众。其实，权力和地位都是暂时的，过于看重和依靠这些，人便很难谦逊起来。

事典

值得信赖的马人望

辽道宗时，马人望考中进士，任松山县令。

当时，只有松山县承担每年运送泽州官家煤炭的徭役，马人望请求中京留守萧吐浑，将运送煤炭的徭役在各郡县中平均分配。马人望还中肯地说道：

“大人应当虚心听取他人的意见，这样才能纠正失误，赢得贤人相助。大人高高在上，不了解下情是会误事的。”

萧吐浑见马人望批评自己，立时忍耐不住，斥责道：

“你以下犯上，胆敢教训长官，你这是不把我放在眼里！我只知道发布号令，而你必须服从。”

马人望脖子一挺，反驳道：

“大人傲慢无礼，处事不公，下官有责任劝谏大人。大人有失，下官不能盲目服从，这也是朝廷法度所允许的。大人如此自大，不是大人之福啊！”

萧吐浑大怒，将他交给法官审讯。法官问他说：

“你冒犯上司，出言不逊，这是身为下属应该做的事吗？”

马人望冷笑道：

“无故加人罪过，有错不改，这是上司应该做的事吗？萧吐浑自恃有权，胡作非为，他这样是不会有好下场的。他以为这样就可以使我屈服，就是低估我了。”

马人望被关押几百日，始终没有低头。萧吐浑心生敬意，他对马人望说：

“你敢和我对抗，不怕死难，你为什么能这样？”

马人望正色道：

“我心忧百姓疾苦，只能把生死置之度外。我担任县令一职，不是为了给自己捞取好处；即使官位不保，亦了无遗憾。大人现在任上，当为百姓做几件好事，否则必会遭人唾骂。”

萧吐浑体味着马人望之言，渐有所悟，他低声说：

“原来如此，你不是为了自己啊！我以权势自骄，这才会狂妄无礼，多亏你及时提醒了我。”

萧吐浑立即把马人望释放了，并摆酒向他赔罪。萧吐浑又把马人望的请求上报朝廷，朝廷给予允准。

马人望在涿州新城县任县令时，谦逊待人，执法严明，官民对他又敬又怕。新城县与大宋接壤，有一条连接辽京的驿道，皇帝近臣中有人出使宋朝回来，都对道宗说马人望才干出众，应予提拔。

一次，又有人向道宗推荐马人望。道宗好奇道：

“天下人才很多，你们又见多识广，为何都称赞马人望呢？”

推荐之人说：

“马人望为官谦逊，从不以官威迫人，百姓和他相处得像家人一样，都诚心为他做事出力，这在官吏中是绝无仅有的。单凭此节，马人望就远超众人了。”

道宗点头道：

“为官不骄，说来容易，可做起来就不那么容易了。马人望不以做官为本，心系百姓，他的确是大贤哪！”

道宗于是提升马人望为中京度支司盐铁判官。不久，马人望又升迁为警巡使，管理京城的民政。

京城的狱讼案件很多，马人望不畏艰难，一一加以处理，没有丝毫马虎。马人望的下属进言说：

“这些都是从前的案件，与大人无关，大人何必费力于此？而且这些案件都很棘手，稍有差池，大人就会饱受指责。”

马人望对下属说：

“我辛苦点，就会使朝廷少一些冤案，这太值了！百姓期望我执法公正，我更不敢怠慢了！”

马人望不断努力，很快就赢得了声望，百姓都说他公正严明、值得信赖。

原文

静以应变。

译文

应对变故时要镇静。

释评

应对变故是每个人都可能会面对的课题，在此的能力如何，直接反映着一个人素质的高低。镇静是应变所必需的，不能镇静就会手忙脚乱，难以解决问题。一个人不管官位多高，平时多威风，在变乱之中若是不能做到从容不迫，终究会引来人们的质疑。

事典

曹操的教导

东汉建安十九年（214），安定郡的新任太守将去上任，丞相曹操告诫他说：

“羌胡想和内地交往，应当让羌胡派人来，千万不可派人去。因为出使羌胡的恰当人选不易找到，若派不合适的人去，一定会教唆羌胡提出非分的要求，而自己从中捞取好处。那时，我们如果不答应羌胡的要求，就会使羌胡不满意；如果答应了，就对国家不利。”

太守上任后，为了早日建功，便对部下说：

“羌胡一直是我朝的隐患之一，制服了羌胡，可谓奇功一件。我身为安定郡太守，安定郡接近羌胡。我为什么不在此用心呢？”

太守准备联络羌胡。一位部下说：

“羌胡难以驯服，一旦事有不成，大人何以应变呢？这件事处理不好，大人不但难以服众，而且无法向朝廷交代。”

太守傲然地说：

“羌胡只是一群野人罢了，制服他们，我胸有成竹。我不想平庸无为，当果断处事。”

太守准备派校尉范陵前往羌胡，他的亲信劝阻说：

“丞相早有告诫，不可主动和羌胡联系。何况范陵心术不正，让他前去必有麻烦，大人不要如此行事。”

太守坚持我行我素。结果，范陵出使羌胡后，果然教唆羌人，又教他们提出让自己做属国都尉。

太守惹下祸端，部下纷纷指责他。曹操处罚了太守，还以此告诫百官说：

“身为朝廷官员，如果没有应变之能，那么他就是不称职的了，只会招人轻视。官员教导下属，不能夸夸其谈，重要的是在变乱中展示自己的才智，用行动使人信服。安定郡太守不听我言，被人轻视，这个教训你们要牢记啊！”

曹操用人不拘一格，许多有缺点的人都被他重用。一位大臣据此对曹操说：

“丞相不担心他们对丞相不利吗？”

曹操反问说：

“你是担心他们不轨吗？”

大臣说：

“有缺点之人虽有才能，但并不可靠，他们做坏事的本事也是不小的。丞相给了他们机会，这样就更危险了。”

曹操训诫大臣道：

“我任用他们，自有应变之术，如果缺少这个能力，那么是无法治理天下的。另外，有德行的人不一定就能上进，上进的人也不一定都有德行。陈平难道有淳厚的德行？苏秦难道是守信义的人吗？但是陈平奠定了汉朝的基业，苏秦扶助了弱小的燕国。所以说，有才能的人即使有些短处，也不该废弃不用，关键是要正确地认识他们，并合理地任用他们。”

当时，有许多主管刑狱事务的官吏不称职，他们滥用权力，使许多无辜之人受到了伤害。

曹操听说此事后，对百官说：

“刑法，是关系到百姓性命的，焉能草率？你们看如何处置此事？”

百官纷纷进言，都主张惩处失职官员，以谢天下。他们说：

“官员贪赃枉法，当受严惩，这样人们就无话可说了。”

曹操听完百官的话，接着道：

“惩处贪官恶吏，这就是你们的应变之法吗？我看是太简单了！要知问题层出，关键在于刑狱官吏不懂法律，品德不佳。如果不在用人上下功夫，那么这样的事就不会断绝。你们太让我失望了。”

曹操专门设置了理曹，作为主管刑狱的官署，还亲自挑选德才兼备的人，任命他们为正副官员。

在曹操的操持下，不称职的刑狱官吏多被更换，乱用刑罚的现象得到了遏制。

原文

傲者抑之。

译文

对心高气傲的人要抑制。

释评

面对心高气傲的下属，高明的领导者不会排斥他，而是会抑制他。在用其所长的同时，正告其短，令其有所警惕。有大才的人难免有些傲气，排斥他们就无人可用；有大才之人亦有短处，放纵他们就易使其失德。这对领导者都是没有益处的。领导者不能用粗暴的方法对待有大才之人，应采取旁敲侧击、迂回的方式开悟警诫之。

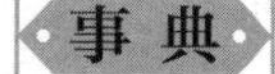

事典

才高气傲的诸葛恪

诸葛恪

三国时期吴臣，诸葛亮之侄，诸葛瑾长子。深受孙权赏识，弱冠拜骑都尉。孙登为太子时，诸葛恪为左辅都尉，为东宫幕僚领袖。孙权临终前为托孤大臣之首。后被孙峻联合孙亮设计杀害，并夷灭三族。

镜　鉴

才能出众更要低调行事，切莫恃才傲物，而为居上者忌。

三国时期，吴国的诸葛恪才高气傲，自命不凡。

当时，丹阳郡山民不肯臣服吴国，他们依仗险要地势和朝廷相抗，对孙吴构成了严重的潜在威胁。诸葛恪为了立功，主动请求任丹阳郡的郡守。他对吴主孙权说：

“丹阳郡山民不归顺朝廷，朝廷如不讨伐，便会失去威信。群臣皆言难以获胜，而臣却以为山民并不可怕，臣定可降服他们。”

孙权征询群臣的意见。有人说：

“丹阳郡山民不服朝廷已经有几代了，若没必胜把握，切不可开战，否则只会丧失朝廷的威严。诸葛恪纸上谈兵，不明实情，他这是误国之举啊！”

孙权见群臣反对，一时也没有了主意。他对亲信大臣说：

“山民不讨，终是大患；若遭败绩，反使其壮大。这该如何是好呢？”

亲信大臣说：

“人人畏战，只有诸葛恪主战，陛下可以利用诸葛恪的斗志。山民难以对付，而诸葛恪傲气冲天，他当是山民的克星，陛下何妨一试呢？”

孙权一笑说：

“你说得很好。”

于是，孙权任命诸葛恪为抚越将军，兼任丹阳郡太守。诸葛恪的父亲诸葛瑾听说这件事后，连声哀叹道：

“诸葛恪逞强显能，口出狂言，他怎知世事复杂呢？他如此心高气傲，纵有大功，也会令人厌恶，他不是个有福之人哪！”

诸葛瑾对孙权说：

“臣的儿子不能担此大任，陛下不可轻信他的话，请收回成命吧！”

孙权严肃道：

“诸葛恪立志灭贼，勇气过人，你也不肯鼓励他吗？这件事已然定下，谁也不能改变了。”

诸葛恪经过不懈努力，终于使山民归附朝廷。这不仅根除了山区的隐患，而且壮大了吴国的军力和劳力。群臣都惊异不已，赞美他的言辞无以复加。诸葛恪一时更加骄傲。

孙权听到捷报，高兴之余，对亲信大臣坦白道：

“诸葛恪立下大功，一定要嘉奖。不过此人傲气太盛，朕担心他目空一切，日后难以驾驭。”

亲信大臣说：

“陛下既有此担心，当要有所警告，使他勿要自满。”

孙权于是一面表彰诸葛恪的功劳，一面又警告他说：

“你虽有大功，但也不掩小过，朕只是不予追究罢了。你不要只知庆功，而要反省过失，如此方可精进啊！”

诸葛恪不料孙权如此责备自己。他对心腹说：

“陛下不多计我的功劳，反而抓住我的小过失不放，这对我公平吗？”

心腹思忖道：

“大人立下奇功，举国震动，陛下此举是警告你不要居功自傲啊！正所谓功高震主，陛下这么做是在情理之中的，望大人切不可怠慢，应向陛下上表谢罪。”

诸葛恪心中不悦，不肯谢罪。他怨气冲天地说：

“陛下太多疑了，这样对待功臣，谁还会为朝廷尽忠？”

心腹再劝道：

“你越是这样，陛下就越会放心不下。大人若不想惹祸殃，还是自责反省为上。”

诸葛恪犹豫之际，孙权又下诏责怪他行事专断。诸葛恪见势不妙，急召心腹商议说：

“你说得不错，看来陛下真是对我不满了！都怪我一时大意，险些乐极生悲，你还是和我一同起草谢罪奏疏吧！”

孙权见了诸葛恪的奏疏，心中暗笑。诸葛恪从此收敛了许多，对孙权更加恭顺了。

原文

佞者远之。

译文

对奸伪的人要疏远。

释评

人在高处，奸伪的人就会蜂拥而至。他们会以各种面目出现，一定要仔细分辨。小人是为攫取私利而来的，他们说得再动听也改变不了这一事实，这是人们要切记的。利用小人是凶险的，把小人放在身边更是充满变数，随时都可受其侵害。只有彻底疏远小人，才能使他们无机可乘。

事典

寇恂的预言

寇　恂

东汉“云台二十八将”之一。年轻时任上谷郡功曹，深受太守耿况器重。他一生戎马，所得俸禄，往往厚施亲友故旧和从征将士。他治民有方，威望素著。当时的人无不景仰他的长者之风，认为他有宰相的器量和才能。

镜　鉴

纵容奸佞之人，而失信于天下，必败。

新朝王莽失败后，更始帝登基。他派使臣巡视各郡国，声称“先投降的人，恢复原来的爵位”。

上谷郡太守耿况听到这个消息，对功曹寇恂说：

“我要投靠更始帝，只是不知他诚信如何，你看该怎样定夺呢？”

寇恂分析说：

“更始初立，他为了取信于民，当会信守诺言的。如果他出尔反尔，那么只会令人厌弃他，更始帝不会那么糊涂吧！”

耿况于是带寇恂去迎接使臣，决心归顺更始帝。

耿况一见到使臣，便献出太守的印绶。使臣接受了印绶，却另有了主意。他对随从低声说：

“太守之位不能授予外人，我要把它交给我的亲信。”

随从惊讶道：

“皇上为了安顿天下，早下了旨意，大人这样做不妥吧？”

使臣冷笑道：

“我代表皇上巡视天下，自有生杀予夺的权力。”

过了一夜，寇恂见使臣没有归还印绶，便马上找到耿况，急切道：

“朝廷言而无信，大人受其欺骗了，我去找使臣理论。”

耿况长叹道：

“我看不一定是更始帝存心愚弄天下，只是他用人不当，使臣是个奸佞之人啊！他这样做无非是想安插亲信，扩充自己的势力罢了。我看就不要争了！”

寇恂大声说：

“如是这样，更要抗争，岂能让使臣的阴谋得逞呢？”

寇恂带兵去向使臣讨要印绶，使臣不肯交还。寇恂劝诫道：

“你私改诏令，不守信义，这会使朝廷失信于天下，后果十分严重。耿况任上谷郡太守多年，百姓都亲附他，如果另换他人，百姓不服，郡中势必大乱。到时候皇上追究下来，你就难以脱罪了。”

寇恂软硬兼施，使臣这才把印绶交还，任命耿况为太守。

寇恂并不就此罢手，他给更始帝上书说：

“陛下安定天下，必当使用忠义之人。如今使臣为了私利，擅自做主，不想让耿况做太守，他不仅违背了圣意，而且欺骗了天下。如此奸佞之人，不宜在陛下身边做事。陛下如不远离他，恐有失天下之危。”

更始帝接到奏书，问左右道：

“寇恂是何人？”

左右说：

“寇恂是上谷郡的功曹。”

更始帝一笑道：

“小小的功曹也敢规劝朕，他真是自不量力啊！”

左右问明实情，进谏说：

“寇恂官职虽小，但他的见识实在有些道理。使臣公开违反诏令，险些造成变乱，陛下应该惩罚使臣。”

使臣是更始帝的亲信。更始帝不想责罚他，替他开脱道：

“事有变化，使臣随机应变也是可以的，为什么一定是他的错呢？”

左右再谏说：

“天下还未平定，朝廷的信义还没建立，陛下不惩治这样的使臣，百姓只会认为朝廷不值得信任，这样就无法号令天下了。陛下舍弃一个使臣而挽回民心，这是陛下应该做的。”

更始帝并不认为左右说的是正确的，他对使臣信任如故。

寇恂见更始帝拒不纳谏，大失所望。他对耿况说：

“更始帝宠信奸佞，不听忠言，仅凭这一点，我就敢断定他不会长期拥有天下。”

不久，更始帝果然失败被杀。

原文

智者倚之。

译文

对有智慧的人要倚重。

释评

英雄没有用武之地是最悲哀的。让英雄大展身手，这是领导者的责任，也是最好的“招贤令”，可以招来更多的大才之人。不敢任用智者，怕他们超越自己，只有无能的人才会这样。这既显示出无能者心胸狭小，又造成了人才浪费，对事业的危害更大。倚重智者，就不能用条条框框限制他们，打破常例方可实现突破。

事典

免受责罚的冯鲂

新朝末年，全国各地都反叛王莽。南阳湖阳人冯鲂也聚集宾客，招募猛士，修建营垒，等待着明主出现。冯鲂说：

“我们聚众一处，如果有圣明之主出现，就可以投靠他，成就大事。”

一位宾客说：

“大人足智多谋，英勇善战，应当率众自立，这样不是更好吗？”

冯鲂说：

“拯救天下，非大英雄不可。我自知能力有限，不敢为之。若是贪图一时富贵，我们只会落得个失败的下场，这就有违我们的初衷了。”

湖阳的大豪族虞都尉在城中造反。他和申屠季有仇，于是杀掉了申屠季的哥哥，并打算把申屠季的一族人全部杀掉。

申屠季逃奔到冯鲂那里，求他收留。有人对冯鲂说：

“虞都尉势大，得罪不起，大人还是不要收留申屠季。”

冯鲂摇头道：

“我要做番事业，当要仁德在先。如今申屠季有难求我，我怎可拒之门外？何况申屠季颇有智谋，正好可以随我起事。我今日替他出头，他便会感恩在心。有他相助，我们的大事也不愁不成功了。”

虞都尉的堂弟虞长卿来捉拿申屠季。他对冯鲂说：

“大人庇护申屠季，对大人是没有好处的，还是把他交出来吧！”

冯鲂斥责虞长卿说：

“我同申屠季平素虽然没有交情，但我敬重他是位智者。他穷途末路时来投靠我，我能忍心出卖他吗？我要拼死保护他！”

申屠季死里逃生，对冯鲂感激万分。他动情道：

“承蒙您的恩德，我才保全了性命，您的恩德我无以为报。我要把牛、马等财物全部献给您。”

冯鲂脸上变色道：

“我若收了你的东西，人们就会以为我贪图你的财物，你认为这样做可以吗？你不要多心，也不要再提那些俗物了！”

申屠季感到惭愧不已。冯鲂从此更被人们敬重了，投靠他的人络绎不绝。

刘秀当上皇帝后，对冯鲂十分欣赏，对百官说：

“冯鲂聚集仁义之士，却不矫称王号，捞取个人富贵，他是一位有远见的人哪！”

建武三年（27），刘秀征召冯鲂到洛阳，并在云台召见了他，任命他为虞县县令。

一位大臣担心地说：

“冯鲂独据一方，其心难测。陛下应考察他一段时间，方可任命。”

刘秀质问道：

“你若不相信冯鲂，还指望冯鲂效忠吗？冯鲂乃是智者，自知天下大势，朕不会无故猜疑他。使用冯鲂这样的人，光说空话是不行的，否则就会失去他们。”

后来，冯鲂调任郏县县令。刘秀西征隗嚣时，郏县的盗贼延褒等三千多人围攻郏县县城。冯鲂率领官吏和士兵苦战几天，弩矢都用光了，这才率众离开了县城。

冯鲂赶到刘秀的驻地，磕头请罪说：

“臣守城不利，请陛下责罚。”

许多大臣主张重惩冯鲂，他们说：

“丢城失地，这是不可原谅的。冯鲂令朝廷蒙羞，当受重惩。”

刘秀调查实情之后，对大臣们说：

“冯鲂手下的官吏和士兵只有七十多人，他们坚守了几天，这已是很难得了，为什么还要责罚他呢？冯鲂身上多处受伤，可他不为自己争辩一句，这样的勇士实在不多见啊。你们不明真情，胡乱指责，这对冯鲂不公，朕也认为你们太过分了！”

刘秀又召见冯鲂，鼓励他说：

“一时的胜负，你不要放在心上，朕对你十分满意。你不要听别人的议论，以后还要大胆做事。”

不久，刘秀提拔冯鲂做了魏郡的太守。后来，刘秀又把冯鲂调入朝中，任命他为司空，封关内侯。

原文

庸者诘之。

译文

对平庸的人要责难。

释评

庸者平庸无能，他们不求上进，只求无过。若对他们不加责难，他们就永难改变，其影响更是消极的。不能对平庸的人放松要求，降低标准。这不是同情和怜悯，而是一种不负责的态度，对他们和自己都是没有好处的。人都有提升的空间，督促平庸者进步，可以增强他们的竞争意识，消除他们的惰性，这是对他们的最大爱护。

事典

贾逵的解惑

东汉明帝时，有神雀在宫殿上空飞翔盘旋。神雀头顶的羽毛有五种色彩。明帝从没见过这种鸟雀，感到奇怪，问临邑侯刘复说：

“你知道那是什么鸟吗？”

刘复摇头道：

“臣不识，臣惭愧。”

明帝失望地说：

“人们都说你有学问，原来不过如此啊！”

刘复连连请罪，后道：

“学者贾逵学识广博，名望很高。贾逵一定能为陛下解惑。”

明帝于是召见贾逵，向他询问这件事。贾逵从容道：

“从前，周武王继承了父亲的事业，凤凰出现在岐山。汉宣帝安抚了戎狄，神雀聚集在宫殿上。以此观之，这是陛下建功的先兆，也是匈奴投降的征兆。”

明帝非常高兴，连连点头。贾逵趁机进谏说：

“既有吉兆，陛下不可疏忽怠政，当勤奋振作。时下，朝廷官吏有许多人是安于平庸的。他们得过且过，不学无术，这对国家振兴是有害的。陛下当督促他们，令其加强学习，积极有为。”

明帝感叹道：

“你说得太对了，朝廷似你这样有大学问的人很少，他们又懒于学习，怎能不误事呢？朕一定责难他们，令其改过。”

明帝让贾逵创作了《神雀颂》，随后任命他为郎官。

章帝在位时，对贾逵十分敬重，多次向他询问治国之道。一次，章帝召贾逵入宫，问他说：

“现在大臣们只追求享乐，专心做事的人不多，朕该如何处置此事？”

贾逵回答说：

“陛下在奖赏功臣上做得很多，而在惩罚庸官上却做得远远不够。这就是人人甘于平庸的原因所在啊！庸官误国误事，对待他们不能讲情面，否则，他们就会裹足不前，不知进取。”

章帝于是惩处了几名庸官。一些大臣问章帝说：

“他们犯了大罪吗？”

章帝冷声道：

“无所作为，尸位素餐，在朕看来就是大罪。”

大臣们说：

“陛下以此看人，又有几人无罪呢？望陛下宽恕他们。”

章帝见许多人求情，心肠软了下来。贾逵见状，进谏说：

“不惩庸官，就是慢待功臣，如是这样，谁还会争着建功呢？陛下要坚定信心，不可使庸官存有半点儿侥幸心理。”

章帝遂不动摇，群臣大受震动，不敢明目张胆地怠慢政事了。

贾逵放心不下，又对章帝说：

“陛下严惩庸官，还不能使人彻底改变。臣建议让群臣学习经文，加强修养，使其掌握更多知识，促其觉悟。他们只有有德有识了，才不会甘当

庸官。”

章帝采纳了这个建议，让贾逵到北宫白虎观、南宫云台讲学。事后，章帝表扬了贾逵，又赏赐他五百匹布。

贾逵勤于政事，日夜忙碌。母亲有病，他也顾不上照料。同僚对贾逵说：

“你太辛苦了，应当爱惜一下自己了，不要担心别人会说你什么。”

贾逵道：

“我做事不是给别人看的，我只求问心无愧！”

章帝关爱贾逵，又特别赏赐贾逵二十万钱，并让颍阳侯马防送去给他。章帝赞叹说：

“重赏贾逵，就是对庸官的督促。贾逵实在是勤政有为的好官哪！”

原文

眷人，人眷也。

译文

关心他人，才会得到他人的关心。

释评

人不能缺少爱心。对别人的关爱源于对他们的敬重，不敬重别人，关爱便是虚假的，也是骤然即逝的。在生活中，职场上下级的关系只是生活的一个层面，并不是永恒不变的。从社会角度看，人都是平等的，都是值得尊重的，领导者没有任何理由蔑视下属。领导者不能和下属对立起来，而要和下属融洽相处，这样才能创造和谐的工作环境。

事典

备受厚待的王肃

南北朝时期，王肃在南齐做官，官至秘书丞。后来，父兄被齐武帝所杀，王肃悲愤地说：

“当今朝廷无道，皇上狠毒，我的父兄无辜被杀，我不能再为其卖命了！”

王肃于是投奔北魏。

北魏的孝文帝听说王肃来投，十分惊喜。他对身边人说：

“听说王肃是个难得的人才，他如今归顺我朝，这是大喜之事，朕要亲自召见他。”

身边人劝阻道：

“王肃官位不高，才名不大，陛下召见他是抬举他了。万一王肃只是徒有虚名，陛下也脸上无光啊！”

孝文帝生气道：

“你们如此轻贱别人，是得不到别人的拥护的。朕痛恨不敬他人之人，因为他们盲目自大，只会引起人们的仇视。王肃投奔我朝，是对我朝的敬重，你们有什么理由慢待他？”

孝文帝亲自召见王肃，嘘寒问暖，十分热情。王肃不料孝文帝能如此关心自己，流泪道：

“齐国皇帝视我们父子为仇人，而陛下对臣关爱有加，臣怎能不动容呢？臣当以死报效陛下的关爱之恩！”

王肃对孝文帝的提问知无不答，而孝文帝对他的才识也十分赞赏，二人一直谈论到深夜，谁都不感困倦。为了报答孝文帝，王肃建议他大举南伐齐国。他说：

“得人心者得天下。如今齐国皇帝性情暴虐，残害忠良，人们敢怒不敢言，君臣离心，百姓怨恨，这正是讨伐齐国的好时机。陛下仁爱，一定会建立奇功伟业。”

孝文帝心情大振，赞同道：

“朕也有此打算，今日被你激励，朕的信心更强了！”

孝文帝从此更加器重王肃，常和他商议军国大事。

孝文帝的亲信大臣怕王肃夺了自己所受的宠爱，联合起来对孝文帝进言道：

“王肃是敌国的叛臣，他百般讨好陛下，如果另有目的，那么将是十分可怕的。王肃非我族类，陛下不要轻易相信他。”

孝文帝对进言的大臣说：

“朕并不愚笨，不需你们提醒！你们不为朝廷得一贤才而高兴，反是为自己的得失而担忧，你们不觉得羞愧吗？”

进言的大臣被孝文帝说中了心事，都低着头，无人敢再说一句。孝文帝又说：

“朕和王肃的君臣遇合，好比刘备遇见诸葛孔明，这是外人无法想象的。朕关爱王肃，王肃才能对朕忠心无比，朕不能让王肃失望啊！”

于是，孝文帝任命王肃为辅国将军、大将军长史，封开阳伯。他对王肃说：

“你对朕的忠心应该奖赏，望你不要推辞。”

王肃不想孝文帝这般厚待自己，他跪地道：

“臣并无功劳，不敢受陛下大恩。待臣建立大功，再领陛下恩情。”

孝文帝笑着说：

“你为朕出谋划策，见识不凡，这难道不是大的功劳吗？朕知道此中的价值，你应该得到这一切。”

王肃极力推辞。孝文帝沉下脸来，责问王肃说：

“你不肯接受朕的封赏，莫非是不肯为朝廷做事？人们对你的议论颇多，你这样做，朕就很难为你解释了。”

王肃见孝文帝如此坦诚，心中一阵温暖，于是接受了官职，但却坚决不受伯爵之位。他说：

“待臣立下大功，陛下再授臣爵位，如此臣才心安。”

正因为孝文帝对王肃百般恩宠，王肃一生为北魏竭尽心力，立下很多功劳，享有很高的声望。

孝文帝死后，王肃受遗命升为尚书令，与咸阳王禧等一同辅政。

宣武帝即位后，王肃因为军功，累封昌国县侯，官至散骑常侍、都督淮南诸军事。

原文

苛人，人苛也。

译文

苛求他人，也会被他人苛求。

释评

在职场中，领导者不能有意为难下属，提出过高的要求和不合理的指标，这只会加深下属对领导者的怨恨之情，使双方矛盾加剧。严格要求不等于声色俱厉，想要下属都成为“圣人”的上司，他本身一定是个愚人。在生活中，对人存包容之心也是十分重要的。苛刻的人不仅会失去朋友，最终也会危害自己。

事典

陈新甲的感激

明崇祯四年（1631），大凌河城被围困。城池被攻破之后，宁前道兵备佥事陈新甲被罢官削籍。

巡抚方一藻爱惜陈新甲的才能，给崇祯帝上书说：

“陈新甲颇有才能，因为一时失利而弃用他，这是朝廷的损失。臣知道陈新甲已尽全力，无奈敌人众多，战败之责并不在他。恳请陛下不要苛求

他，将他留用。”

崇祯帝看罢奏疏，生气地说：

“陈新甲既有才能，又怎会打败仗呢？这分明是骗人之词！”

监军宦官马云程进言相劝，说：

“世上没有常胜的将军，陛下对将领的要求如果过于严苛，那便无人可用了。陈新甲有才能，如果给他赎罪的机会，相信他定可为陛下建功。”

崇祯帝犹豫再三，没有治陈新甲的罪。陈新甲心有感激，从此做事更加勤勉，立下不少功劳。

崇祯七年（1634）九月，陈新甲被提升为右佥都御史。鉴于军备长期松弛，陈新甲便亲自巡视边境，备尝辛苦。陈新甲的随从对他说：

“大人亲自巡视，苦不堪言，大人为什么要这样做呢？”

陈新甲说：

“皇上宽恕了我的罪过，我一定要竭尽全力报效皇上啊！这一点儿辛苦算不了什么。”

陈新甲详细查明了士兵马匹损耗、城堡倒塌、兵器锈损的情况，并据此向朝廷上报请求补充、整饬。

崇祯十一年（1638），陈新甲升迁为兵部右侍郎兼右佥都御史。时逢清军深入内地，陈新甲统辖部队抵御清兵。

第二年春季，京师戒严解除。顺天巡按刘呈瑞弹劾陈新甲停滞不前，不主动出战。崇祯帝问左右说：

“陈新甲是消极作战吗？”

左右道：

“当时情况复杂，陈新甲不想贸然出击，也是怕京城有失，影响大局。陛下不要听信谗言而责怪他。”

崇祯帝于是斥责了刘呈瑞，对陈新甲不予追究。

不久，陈新甲的部分部下在夜间哗变。陈新甲十分惊恐，连忙向崇祯帝请罪。崇祯帝对百官发怒说：

“陈新甲屡惹事端，看来朕是太纵容他了，朕要治他的罪。”

一位大臣说：

“边境战事不断，而陈新甲这样的将领是不可缺少的，陛下就不要太计较了。时下用人之际，怎可因一时错误就全盘抹杀？处置了陈新甲，其他将领也会惶恐的。”

崇祯帝勉强道：

“部下哗变，陈新甲负有责任！朕不惩治他，也要斥责他。”

大臣又劝道：

“陛下这样做，只是为了出口恶气罢了，并没有实际好处。陛下不仅不要斥责陈新甲，而且还要安慰他。如此，陈新甲才能心安，才能更好地为朝廷御敌。”

崇祯帝思虑多时，释然道：

“朕苛求将领，将领就会怨恨朕。为了大业，朕就忍一忍吧！”

陈新甲感念崇祯帝的宽恕之恩，对部下说：

“皇上宽厚待我，我只能奋勇杀敌以报。只要能为皇上分忧，我死不足惜。”

给事中戴明说弹劾陈新甲，列举了陈新甲的许多罪状。崇祯帝摇头苦笑，当面训斥戴明说道：

“朕并不是不知陈新甲的过失，只是不想苛求他罢了。陈新甲是难得的将领，国家要倚重他，这也是为了大局啊！你不明大势，轻率弹劾功臣，该受小惩。”

崇祯帝停发了戴明说的俸禄以示惩罚，继续重用陈新甲。

说人卷 第六

君子不发危言。

小人不道真语。

说人先说己焉。

言与智者，晦也。

言与愚者，明也。

言与敌者，诈也。

往勿论。

来可期也。

事勿责。

理必知也。

- 规劝他人重在说理，而不应采取恐吓手段。
- 小人喜欢用虚伪的言辞欺骗人。
- 想要说服别人，首先必须说服自己。
- 和聪明人说话，点到为止即可。
- 和愚笨的人说话，要简单明了。
- 和敌人说话，能用诈术就用诈术。
- 要明世，首先要明理。

原文

君子不发危言。

译文

君子不说恐吓人的话。

释评

规劝他人重在说理，采取恐吓手段是不能让人心悦诚服的。君子从不强迫他人服从自己，更不会用恐吓性言辞威胁他人，以达到目的。使用恐吓之辞是规劝他人的大忌。它不但不能说服人，反而会使人反感，产生抵触情绪。和风细雨式的劝说更容易让人接受，平等的交流会使人倍感亲切。君子尊重他人，人们才会尊重他、听从他。

事典

耐心劝告的宇文邕

南北朝时期，北周武帝宇文邕十分贤德，他曾下诏说：

“人劳顿不休，星象就要发生变动；做事不依时令，石头就要讲话。近来，朝廷兴造土木工程没有限度，征发民力没有休止，加上连年征战，使得农田荒废。再加上去年秋天遭受了蝗灾，粮谷歉收，民不聊生。从今以后，正常赋役之外，不许随便征敛。”

当时，文武百官相互倾轧，有人曾劝宇文邕说：

“群臣势同水火，这种局面是会危害朝廷的，陛下应当严厉地责备他们，令其罢手。”

宇文邕皱眉道：

“这种现象由来已久，朕只能好好规劝他们，而不能粗暴地命令他们。劝说如果有效，就不必惩罚他们了。何况如果朕严令禁止，他们若心有抵触，也是无用的啊！”

有一年大旱，宇文邕把文武百官召集到大殿，对他们说：

“天降旱灾，是因为朕的德薄，还是因为刑罚和奖赏不公正？你们尽管发表自己的看法，不要有任何隐瞒。”

文武百官见宇文邕首先自责，心生感慨，他们请罪说：

“陛下如此自责，臣等无地自容。这都是臣等之罪，望陛下惩罚。”

宇文邕平声道：

“你们有何罪呢？都怪朕不能调和你们的关系，致使你们争斗不休，荒废政务。朕的过失实在太大了。”

群臣哭泣道：

“陛下这样厚待臣等，臣等若不改过自新，何以为人呢？”

从此，群臣互相包容，团结协作，朝廷气象为之一新。

一次，皇太子在岐州捕获了两只白鹿，以为祥瑞，献给了宇文邕。群臣竞相恭贺，宇文邕对群臣说：

“天下兴旺，在德行而不在祥瑞。朕的德行不够，哪里值得庆贺呢？你们还是指出朕的过失吧。”

宇文邕又借此事教育太子说：

“你身为太子，将来要统治万民，为何不关心民生而重视祥瑞呢？总有人喜欢以祥瑞之事骗人，你以后当要谨慎行事，切不可上当受骗啊！”

宇文邕勉励将领作战，总是亲自召见他们。他对将领说：

“战事凶险，你们实在是辛苦了。朕不想逼迫你们为朝廷和百姓的利益奋勇厮杀。朕也不会无故惩罚你们，除非你们犯了不赦之罪。”

将领和下属议论说：

“皇上和我们交心，理解我们的辛劳，真是难得的明主。我们若不肯用力，真是对不起皇上。”

民间办婚礼奢靡浪费，地方官吏建议严惩此事。他们上书说：

“时下战争不断，朝廷用度不小，而奢靡之风还在上演，应当严令禁止。陛下若下旨，臣等定全力惩办。”

宇文邕垂询大臣说：

“奢靡之风不可不禁，你认为当采取何法禁之？”

大臣道：

“百姓畏惧惩办，朝廷不用刑罚是不行的，陛下下诏好了。”

宇文邕用心思忖后道：

“劝说世人改变风俗，还是多讲道理的好，不能用恐吓的言辞。何况百姓并未犯法，对他们过于苛刻，只会激起他们的反抗，生出更大的祸患。朕不能做个无道的昏君，朕要耐心劝告他们。”

宇文邕于是下诏，命地方官府加强宣传教育，不可乱用刑罚。不久，奢靡之风就有了很大改观。

原文

小人不道真语。

译文

小人不说真心的话。

释评

话语如果不是发自内心的，再动听也不能取信于人。总有人不问真假，喜欢虚言，这种人就避免不了被人愚弄和利用。小人游说他人，貌似真心热情，其实说的全是骗人的鬼话。他们最会利用人的弱点，展开“攻心术”。为了达成目的，他们会许下种种“诺言”。人们只要用心就会发现，小人的许诺多是充满了诱惑而不现实的。只要人们不贪图不义之财，小人的阴谋就不会得逞。

事典

颜真卿的揭发

唐代宗时，宰相元载在朝廷内外大力提拔任用自己的党羽。元载怕大

臣们揭发他，于是欺骗代宗说：

“大臣们奏事时，很多人都喜欢讲别人的坏话，诋毁别人，而其实都是不可相信的。为了使陛下不受流言困扰，臣建议以后凡是大臣们想要上奏的事情，都要先报给长官，长官再报告给宰相，宰相认可了再上奏陛下。”

代宗不识其诈，反而高兴地说：

“你为朕谋划分忧，可见你一片赤诚啊！朕从前被流言所扰，烦不胜烦，以后可以清静了。”

大臣颜真卿听说此事，跺足而叹道：

“元载奸恶，他这是在迷惑皇上啊！我一定要劝谏皇上。”

和颜真卿交好的一位大臣不让他进谏，担心道：

“皇上正宠信元载，对其言听计从，你的话皇上是不会听的。元载是个十足的小人，他若得知是你坏他的好事，能不打击报复你吗？你还是好好想想吧！”

颜真卿忧心道：

“正因为元载奸恶，我才要使皇上醒悟，不再受其蒙蔽。小人当权，国家必有祸乱，我一定要揭发他。”

颜真卿于是给代宗上了长篇奏疏，言辞激烈：

“现在国家经受的战争的创伤还没平复，战争的危险还在增长，陛下不广泛听取有益的言论，怎么却要堵塞大臣进献忠言的道路呢？不让陛下听取谏言的人是险恶的，元载的行为是可耻的。他诱使陛下远离群臣，其目的是专权独断。对元载这样的小人，陛下应驱逐他，永不任用。”

颜真卿公开指责元载，代宗十分震惊。他召见颜真卿，大声问道：

“你说元载是奸恶之人，分明是诽谤他，你凭什么这样指责他？”

颜真卿凛然道：

“他劝陛下不纳忠言，这足以证明其用心险恶。自古哪有不纳谏的明君呢？元载想让陛下为天下人非议，可见其阴险恶毒。陛下若不醒悟，必受其害。”

代宗长思不语，后道：

“听你如此说，朕也觉得元载可疑了，他这样做并不是为朕好啊！”

后来，代宗诛杀了元载。大臣杨绾提醒代宗说：

“当初元载得势，只有颜真卿向陛下揭发了他，可见颜真卿不仅有识人之能，而且忠义感人，陛下对这样的人才不能不奖赏，否则就会令天下人失望。”

代宗笑道：

“颜真卿的确有功，朕并没有忘记。”

颜真卿于是被升为刑部尚书。

德宗在位时，卢杞任宰相。颜真卿多次进谏德宗，让德宗提防卢杞。他说：

“卢杞惯于伪装，他的甜言蜜语没有一句是真心的，陛下不可相信他。”

德宗问道：

“你和卢杞有仇怨吗？”

颜真卿说：

“若有怨仇，臣便是中伤他了。臣观察他的为人已很久了。他这个人心计了得，充满邪恶；他笑里藏刀，一般人总是被他欺骗。陛下若不信，不妨考验一下他。”

德宗没有听从颜真卿的谏言，反而问卢杞说：

“颜真卿劝朕疏远你，说你是奸险之人，朕应该相信他的话吗？”

卢杞跪地道：

“陛下明鉴，臣不敢自辩。颜真卿以老臣自居，一向嫉妒臣在他之上，他又怎会说臣的好话呢？”

卢杞从此对颜真卿怀恨在心。后来他以颜真卿德高望重为名，建议德宗派颜真卿去招降叛军，致使颜真卿遇害。

原文

说人先说己焉。

译文

说服他人先要能说服自己。

释评

说服他人不仅要靠语言技巧，更要依赖情理。如果不合情理，那么语言技巧再高也是说服不了他人的。有些人只会游说他人，完全不顾实际情况如何。这样做不仅自私，而且不会有效果。“己所不欲，勿施于人。”在劝说他人之前，要设身处地地为他人着想，先过自己这一关，然后才会有突破。

事典

豁然开朗的李载义

李载义

唐朝宗室。少以勇力见称，被幽州节度使招入亲军。宝历二年（826），杀节度使朱延嗣，任检校户部尚书、御史大夫、卢龙节度使，封武威郡王。大和五年（831）被部将驱逐，投奔长安，任山南西道节度使等职。开成二年（837），病逝于太原。

镜　鉴

众怒难犯，切不可铤而走险，以免身陷困境。

唐敬宗时，藩镇朱延嗣背叛朝廷，且对部下极其残暴。他的部将李载义进言说：

“大人割据一方，权势很大，背叛朝廷大可不必，这只会招来厄运。大人的部下为大人卖命，他们是大人的依靠，大人应该厚待他们才是。”

朱延嗣不屑道：

“我独霸一方，朝廷奈何不了我，我为什么还要听命于它？部下容易生变，我只有用铁腕手段进行治理，他们才会心生恐惧，不敢有异心。你不懂权术，怎知我心呢？”

李载义再进言说：

“大人只为自己考虑，可曾想过他人感受，如果别人这样对待大人，大人能忍受吗？大人明显理亏，当及时改正。”

朱延嗣不耐烦道：

“这地方我说了算，我不管别人的想法如何！”

部下痛恨朱延嗣，向李载义诉苦说：

“我们饱受欺凌，而你却只知劝谏，这有什么用呢？朱延嗣不是有良心的人，他是不会改过回头的。我们请你做我们的首领，诛杀朱延嗣。”

李载义听了一惊，忙道：

“我同情你们，这才劝说朱延嗣，我并无他念啊！你们说的这件事要慎重，我能力有限，不能答应你们。”

部下急道：

“你尚且不能忍受朱延嗣的残暴，何况我们呢？你和他讲理无用，又不能坐视将士受苦，最好的办法就是除掉他。你好好想想，还有更好的办法吗？”

李载义苦思一夜，豁然开朗。他对将士们说：

“我不能劝朱延嗣停止作恶，只能用强力阻止他了。你们说得有理，只恨我顾虑太多，不敢决断。”

李载义于是率众杀了朱延嗣，并向朝廷报告了他的罪行。

敬宗得报，对群臣说：

“朱延嗣被李载义杀死，这件事该如何处理呢？”

一位大臣说：

“朱延嗣背叛朝廷，多行不义。李载义杀他乃是替天行道，该当重赏。”

另一位大臣反对说：

“部下杀死长官，终是不当之举，朝廷不该奖励这样的人。此风一开，

当是上下无序了。”

敬宗权衡再三后道：

“朕想感召天下，必须赏罚公平，使人诚服。李载义诛杀逆臣有功，若不褒奖他，朕都无法心安，又怎能说服天下人呢？杀逆臣人人可为，这和上下无序无关。朕还是要奖赏李载义！”

敬宗下诏任命李载义为检校户部尚书、卢龙节度使，封武威郡王。

文宗在位时，叛军李同捷盘踞沧景。李载义想讨伐李同捷，就对部下说：

“朝廷对我仁厚，我自当为朝廷分忧，否则就无法显示我的忠心了。现在叛军李同捷作乱，我能坐视不理吗？”

部下赞同道：

“大人说得入情入理，我们岂能不支持大人呢？讨伐叛军是我们的责任和义务，大人只管下令吧！”

李载义上书请战，文宗高兴道：

“李载义不似他人只会表白忠贞，他是用行动来证明自己。他的行动无可挑剔，朕也不会反对他。”

李载义得到文宗的肯定，接着便和李同捷开战。李载义身先士卒，打了几个胜仗，立下了大功。

文宗下诏任命李载义为同中书门下平章事，赏赐白玉带，以示恩宠。

原文

言与智者，晦也。

译文

和智者说话，要隐晦。

释评

说服人要区分对象，不同的人要采取不同的方法。与聪明人说话，过于直白是不妥的。聪明人悟性极高，凡事点到即止便可收到成效，没有必要直来直去。在话语中留存一些空间，反有无穷的效力。

事典

邓世隆的惭愧

隋朝末年，王世充的侄儿王太据守河阳。他听说邓世隆很有谋略，便想召他为幕僚。王太对邓世隆说：

“我的志向是做天下之主，你辅助我，便可富贵一生，青史留名。你愿意在我麾下效力吗？”

邓世隆眉头一皱，随后道：

“我并无大的才能，无法助你成就大业，只能让你失望了。”

邓世隆拒绝了王太。王太感到意外，他对手下说：

“我亲自召见邓世隆，封官许愿，他还不满足。他想怎么样呢？”

手下想了一会儿，说：

“邓世隆颇有名望，也十分聪明，像他这样的智者只能抬举，而不能把封官许愿的俗事直接言明。邓世隆若是首肯，当有求取富贵之意，但他不想让人这样非议他。大人下次召见邓世隆，应吸取此中教训。”

王太苦笑道：

“这些学者真是麻烦，不过我要借重他，也只能按你说的方法办了。”

王太于是再召邓世隆，故作一叹道：

“天下大乱，百姓受苦，英雄豪杰不能埋没自己，令百姓无所期盼。先生一身才略，难道忍心独善其身？我不能没有高人相助，还请先生成全。”

王太的话令邓世隆备感亲切，无法拒绝。邓世隆激动道：

“大人如此重视我，我十分感激，愿为大人效劳。”

邓世隆于是追随王太，为其谋划。

李世民进攻洛阳时，写信招降王太。王太对邓世隆说：

“我不想投降，你可代我回信一封，说明我意。”

邓世隆于是修书一封，言辞很不客气。他的朋友说：

“你痛骂李世民，言语极为难听，这是取祸之道。万一有一天，我们失败，李世民定会追究你。这事你想过吗？”

邓世隆说：

“我是代表王太回信，他让我这么做，我哪敢违抗？”

朋友说：

“王太危在旦夕，你要为自己留条后路，以防万一。李世民早晚会知道信是你写的，所以你的措辞要柔和一些，隐晦一些，不要把话挑明。这样，他日你才可免祸。”

邓世隆只想报效王太，还是不肯有所改变。他说：

“我身为王太的幕僚，当忠心于他，不该为自己打算。李世民是我们的敌人，我应该严词以对。”

李世民收到邓世隆起草的回信，极为生气。他怒声道：

“此信无礼至极，令人难以忍受，我恨不得杀了这个写信之人！”

李世民攻占洛阳后，邓世隆畏惧，逃往白鹿山，隐姓埋名，自称隐玄先生。

李世民当上皇帝后，邓世隆应召被授予国子主簿之职，与崔仁师、慕容善行等人同为修史学士。

邓世隆见李世民贤明，总是后悔从前写信之事。他对家人说：

“当初我不听朋友劝告，把当今皇上骂得体无完肤。如果皇上追究此事，那么我是无法解脱的。我现在惶恐难安，只恨自己当时思虑不周啊。”

李世民听说这件事后，反是一笑。他派房玄龄对邓世隆说：

“你替王太写信，口出无状，蛮横无理，确实是犯了大罪。但事情已过去了，你当吸取教训，没有必要挂在心上。”

邓世隆连连赔罪，惭愧不已。

原文

言与愚者，明也。

译文

和愚者说话，要明了。

释评

劝说愚笨的人不仅要讲究方法，而且要言语直白，简单明了，不能有半点儿模糊的措辞。愚笨的人心思大条，只认死理，缺少变通。如果对他们旁敲侧击，他们是听不进去也不会开窍的。只有通俗易懂的话，才更易使他们领会。没有绝对愚笨的人，对他们进行耐心细致的劝说，他们终会感受到真诚。

事典

摆明利害的徐坚

徐　坚

唐太宗妃徐惠之侄。自幼承庭训，博览群书。进士及第，授太子文学。武周圣历二年（699），任判官，文风典实。迁司封员外郎，再迁给事中，封慈源县子。不久，以礼部侍郎为修文馆学士。长安三年（703），与刘知几、吴兢等修撰《唐书》。

镜　鉴

说话、做事都要清楚明白，不要让人猜测，也不要期待别人自行领悟。

唐中宗时，雍州人韦月将上书朝廷告发武三思违背君臣之礼的行为，结果受到武三思的陷害。中宗随即下令处死韦月将，时任给事中的徐坚上表为韦月将求情。他说：

“现在是盛夏，是万物生长的季节，不该在这个季节杀人。韦月将揭发武三思，其本意是为朝廷除奸，他落得今天的下场，令人哀叹。陛下若能从轻发落韦月将，天下人都会赞颂陛下的仁恕之心。”

中宗召见徐坚，问他说：

“你和韦月将无亲无故，为何还冒险为他说情？”

徐坚道：

“臣为韦月将的忠心所感动，臣是从心里敬佩他啊！”

中宗于是免了韦月将的死罪，改施杖刑，流放岭表。

徐坚私下为韦月将惋惜说：

“韦月将上书皇上，弹劾武三思，本该直接坦率，不该言辞模糊，有气无力。皇上宠信武三思，被其蒙蔽。岂能如此劝谏皇上呢？可叹他不懂劝谏之道，终受灾祸。”

睿宗在位时，徐坚为黄门侍郎。当时，监察御史李知古请求派军队进攻姚州西贰河蛮。在西贰河蛮归附朝廷后，李知古又请求在当地筑城，征收赋税。

徐坚认为李知古做法不当，对李知古说道：

“你对蛮夷了解多少？不该对他们如此严苛，蛮夷如果被你的做法激怒了，就会起来造反，那么朝廷就没有宁日了。”

李知古反驳徐坚道：

“朝廷的威严在于使蛮夷屈服，我这个办法完全是出于为朝廷考虑。你不该为蛮夷打抱不平，坏朝廷大事。”

徐坚见李知古不听从自己的意见，于是把希望寄托在睿宗身上。他对睿宗说：

“蛮夷落后，不能采取中原的统治方法，应实行羁縻政策，任命蛮夷首领为长官。否则蛮夷不服，官军长途征伐也是得不偿失的。”

睿宗不听徐坚之言，却支持李知古的主张。徐坚再想进一步规劝睿宗，他的家人对他说：

“皇上英明，你不必一再进谏了。你的意思皇上已然知晓，何必招皇上厌烦呢？”

不久，蛮夷反叛。他们杀死了李知古，和朝廷对抗。徐坚闻讯，后悔不迭道：

“我只认为皇上聪明，有些话没有说得太明白，谁知皇上竟愚笨至此呢？早知今日，我就该反复直谏！”

此后，徐坚向睿宗进谏都态度坚决，不再吞吞吐吐。他摆明利害，分析弊端，只怕自己说得不够周详。

一次，睿宗不耐烦道：

“你喋喋不休，是怕朕听不明白吗？”

徐坚回答说：

“臣只是说出自己的判断，唯恐有所遗漏，这样就省得陛下费心了。”

如此一来，徐坚的进谏很有效果，他的谏言多被采纳了。

徐坚的夫人是侍中岑羲的妹妹。岑羲十分骄傲自负，徐坚多次劝他说：

“你权位很高，如果太自负，就会做下不法之事，这是很令人担心的。为了长远之计，你要虚心听取别人的规劝啊。”

岑羲嘲讽道：

“你是让我听你的规劝？你太自不量力了，我还用你规劝吗？”

徐坚劝说无果，哀叹道：

“岑羲自恃聪明，他迟早是会出事的。我劝不了他，只有自保了。”

徐坚请求辞去朝廷机密的职务，转任太子詹事。他对同僚说：

“我不敢担任高官，我这是在避祸啊！以后你们会理解我的。”

后来，岑羲被杀。同僚为徐坚开脱说：

“徐坚在岑羲掌权时自请贬职，可见他早就和岑羲划清了界限，这是有目共睹的。”

徐坚因此没有受到牵连。

原文

言与敌者，诈也。

译文

对敌人说话，要用诈。

释评

和敌人讲究诚信，只会使敌人受益。欺骗他们，方能战胜他们。兵不厌诈，不使敌人了解自己的真实意图，他们便会判断失误。这有时是战胜敌人的关键。欺诈之辞要想奏效，既要有随机应变的能力，还要能把握敌人的心理。

事典

李晟的准备在先

李　晟

唐洮州临潭人，字良器。因战功，累迁至开府仪同三司，以右金吾卫大将军为泾原、四镇、北庭都知兵马使，封合川郡王。朱泚反，晟收复京师，以功拜司徒，兼中书令，改封西平郡王。

镜　鉴

沉得住气，才能瞒住敌人，取得最后的胜利。

唐德宗时，朱泚在京城发动叛乱，德宗逃往奉天。

朝廷大将李晟率军讨伐朱泚，朔方节度使李怀光也率军前来。李怀光心怀不轨，不想让李晟立功，于是上书朝廷要求与李晟合兵。李晟察觉李怀光有异心，便对部将说：

“现在朝廷蒙难，事事都要谨慎小心。李怀光心怀不善，我等不宜在此时揭穿他，还是等待良机吧。”

一位部将说：

“将军既已看出李怀光的野心，就该向朝廷奏明，否则岂不养虎成患？”

李晟沉重道：

“现在局势混乱，我军的力量有限，一旦揭穿李怀光，我们胜算不大啊！如今我们佯装不知，欺骗李怀光，可以给我们争取更多的时间。”

李晟为了麻痹李怀光，故作真诚地说：

“大人的合兵之议，我极力赞成。这样，我们就可以合力击败叛军了。大人见识过人，我愿意听从大人的调遣。”

李怀光见李晟对自己言听计从，心中高兴，对李晟说：

“我们只要多立战功，又何愁没有大的富贵呢？我是不会亏待你的。”

德宗下诏调李晟部下并入李怀光的军队。李晟私下对部将说：

“我们已然骗过李怀光，以后若无大事，不要和他对抗。日后时机到来，我们才可杀他个出其不意。”

一日，叛军前来进攻，李晟准备率军出击。他对李怀光说：

“叛军坚守宫殿，强攻未必能取胜。现在他们离开宫殿，胆敢出来挑战，这是消灭叛军的最好机会！”

李怀光怕李晟立功，急忙阻止道：

“我军刚刚到达，马还没有喂饱，将士也没有吃饭，怎么能够投入战斗呢？不如养精蓄锐，另找机会歼敌。”

李晟心中愤恨，面上却赞同说：

“大人善于用兵，我真是自愧不如。大人主张不战，我遵命便是。”

李晟于是收军回营。

李晟的部将埋怨李晟说：

“这是歼灭叛军的大好时机，将军不该听信李怀光之言。一旦李怀光公开反叛，岂不是对我们更不利？”

李晟安抚部将说：

“我若不收军，李怀光一定能看出我们的本心，他就会加紧反叛了。我欺骗他，才可拖延他的反叛时日，寻机制服他。我们现在不能感情用事。”

见李怀光不积极进兵，李晟当面问李怀光说：

“大人不想立功吗？我们不消灭叛军，叛军便会消灭我们，这件事拖不

得啊。”

李怀光假意道：

“我不是拖延，而是不想打没把握之仗，你耐心等待好了。”

李怀光阴谋破坏李晟的军队，他向朝廷请求说：

“军队中的给养和赏赐该完全平等，如今唯有李晟的神策军待遇优厚，各军因此议论纷纷，臣不能制止，请朝廷明断。”

朝廷令李晟与李怀光互相协商。李晟知道李怀光的用心，就对李怀光说：

“大人为军中主帅，一切都是大人说了算。我和我的部将，一定会听从您的指挥，为您效劳。至于增加或减少给养、赏赐，一切由大人裁决吧！”

李怀光见李晟没有异议，大为惊讶，便问道：

“你可是心甘情愿的？”

李晟大声道：

“我答应服从大人，自会听从大人的号令，哪里敢违抗呢？”

李怀光于是认为李晟对自己忠心，对他疏于防范了。

后来，李怀光公开反叛。李晟由于准备在先，一举打败了他。

原文

往勿论。

译文

过去的事不要考虑太多。

释评

既成事实的错误多说无益，只会造成人们的反感和不快。劝说他人要立足现实，不要用老眼光看人论事。如果揭人伤疤，那么非但无功，而且还会结怨。往事无法改变，能改变的只是当下。抓住这一要点来劝说他人，更有实际意义。

事典

目光远大的李世民

李世民当上皇帝后，为大臣们评功授赏。房玄龄、杜如晦、长孙无忌、尉迟敬德、侯君集都被定为第一等功。李世民对大臣们说：

“朕给你们评功，不一定完全恰当，你们如果不满意，尽可讲出来。”

太宗的叔叔淮安王李神通说：

“刚起义的时候，臣的部队先到达，现在房玄龄这些舞文弄墨的官员反而占了一等功，臣想不通。”

李世民说：

“叔父的部队确实是第一个到达的，但是你并没有亲自上战扬指挥作战。窦建德南侵，你的军队打了败仗就再也没组织起来。房玄龄等人运筹于帷幄之中，有坐定社稷的功劳，这就是为什么汉朝萧何的功劳要高于其他将军的缘故。”

李神通无言以对。李世民话锋一转，告诫大臣们道：

“评功授赏，只是对以往功绩的肯定，并不能代表以后如何。现在要建设国家，一切当要从头开始。朕要看你们的时下表现，望你们不要恃功自傲，当再立新功。”

房玄龄任尚书左仆射时，十分勤政。李世民一次对他说：

“你从前也是如此辛劳，现在不想有一点儿改变吗？”

房玄龄不明所以，一时无法作答。

李世民随后道：

“从前国家初建，事情众多，你勤勉一些是应该的。可现在你身居高位，最重要的事是帮助朕广泛听取意见，寻求贤德的人才。听说你每天审

阅几百件公文，哪里还有时间去寻求人才呢？你的观念应该变变了。”

李世民于是下令小事情交给左右丞办理，大事情再向仆射汇报。

房玄龄敬佩李世民的见识，对家人说：

“皇上目光远大，凡事都能抓住要害，我深受教益啊！”

李世民曾问大臣们说：

“创业和守业哪个更难？”

房玄龄道：

“创业的时候，各路英雄一齐起来争夺天下。我们与敌人作战，历尽辛苦。所以说创业难。”

魏徵说：

“每当帝王兴起，都是乘亡国乱世之势推翻昏君暴政，这大概是上天的旨意。而得到天下以后，帝王就可能满足于骄奢安逸的生活，不思进取。百姓要休养生息，朝廷却用徭役残害他们，把他们搜刮个干净。国家就会由于这个原因衰落下去。所以说守业难。”

李世民听完二人的叙说，长叹道：

“房玄龄跟着朕平定天下，冒着上百次生命危险才活了下来，所以他知道创业的艰难。魏徵和我一起安定天下，忧虑富贵会产生骄奢，骄奢就要荒废政事，荒废政事就会使国家灭亡，所以他知道守业的不容易。现在创业的艰难已经过去，无论你们有功有过都属既往，朕不会再依此奖惩你们。时下守业艰难，你们要戒骄戒躁，不可令朕失望。”

贞观末年，房玄龄因为犯错被李世民赶回家。房玄龄几次上疏谢罪，李世民都不想原谅他。李世民说：

“房玄龄是朕的老臣，最应该体谅朕心，他太让朕生气了！”

黄门侍郎褚遂良劝谏李世民道：

“房玄龄已然认错，态度诚恳，陛下为什么还抓住不放呢？房玄龄一生辅佐陛下，不能因为一次过失就舍弃他，这不是天子任用大臣的方法。陛下不能改变房玄龄先前的过失，却可以让他戴罪立功，这样才可以警诫世人，宣示陛下的仁德。”

李世民这才明白过来，马上召回房玄龄，对他信任如故。

原文

来可期也。

译文

将来才是可以期待的。

释评

给人以希望，指出前进的方向，这是说服他人所必需的。没有明确的目标和美好的未来，人们是不会相信空洞的说辞的，更不会为之而努力。愈是困难的时候，就愈要对前途充满信心。这不是画饼充饥，而是激励人的有效方法，它可以使人走出困境，战胜厄运。

事典

元行冲的大声疾呼

元行冲

元澹，字行冲，唐河南人，北魏皇族后裔。博学多通，尤善音律及训诂。举进士，累迁通事舍人。睿宗时，授太常少卿。玄宗时，为散骑常侍、大理卿、太子宾客、弘文馆学士。

镜　鉴

坚持操守，始终如一，方能拥有好的未来。

唐朝时，元行冲在朝为官，做通事舍人。

元行冲为人直率，从不阿谀奉承别人，经常对上司提出规劝、告诫性的意见。名臣狄仁杰也多次受到他的告诫，其言辞有时十分激烈。有人对狄仁杰说：

“元行冲自以为是，他凭什么教训大人呢？大人应当驳斥他。”

狄仁杰却说：

“元行冲虽说有的意见有些偏激，但他的本意是好的，他是一位难得的忠厚之人哪！我不想打击他的热情。”

一次，狄仁杰和元行冲谈心。狄仁杰笑着对他说：

“你虽然因为言语得罪了不少人，但不用担心，你这样做并无错误，将来你一定会得到人们的理解和朝廷的重用。现在说实话的人太少了，我欣赏你的为人。”

元行冲本已心灰意冷，听到狄仁杰的鼓励，精神大振，说：

“大人如此理解我，我就不孤独了。大人这般支持我，我还怕什么呢？”

元行冲从此更加勇于进言，劝人改过，成了朝中有名的诤臣。

又一次，元行冲遭到陷害，情绪低落。狄仁杰找到他，问他道：

“我同情你的遭遇，你有什么打算吗？”

元行冲说：

“我无端受害，百口难辩，与其在朝受苦，不如辞官归乡。”

狄仁杰吃惊道：

“你一向毫不畏惧，为何此次要打退堂鼓？你不该这样啊！要知朝廷官员向来有忠有奸，你受些挫折也是意料中的事。你忠贞无私，前途无量，不要放弃。”

在狄仁杰的劝说下，元行冲坚持下来，再不言退了。

唐玄宗在位时，元行冲任右散骑常侍、东都副留守。当时，嗣彭王的哥哥李志谦被人诬告谋反，屈打成招，囚禁在狱中等待处决。这一案件还牵连了十几人。

元行冲发现这是一起冤案，他愤怒地说：

“无辜之人遭此惨祸，我岂能置之不理？我要替他们申冤。”

家人劝阻他说：

“谋反之事十分重大，你若处置不当，岂不受到牵连？当今人人避之唯恐不及，你不要惹祸上身啊。”

元行冲说：

“我一向大胆直言，只因心中无愧，才能走到今天。现在我若改变操守，将来就难保清誉了。”

元行冲于是上书玄宗，反映实情，大声疾呼。他最后道：

“朝廷要给人以希望和公平，这样才能使人一心效忠朝廷。李志谦的冤案不解决，人们就会对将来失去期待，就难以再效忠朝廷，这是国家的致命伤。陛下不为李志谦考虑，也要为江山考虑。”

玄宗受到触动，他问左右说：

“李志谦果真有冤情？现在元行冲为他叫屈，朕不能无动于衷。”

左右说：

“李志谦已招认，想必不会有错。元行冲一向标新立异，陛下不要理睬他。”

玄宗于是放下此事。元行冲见玄宗没有回音，内心焦急，对同僚说：

“一旦大错铸成，朝廷的信誉便很难挽回了，我还要劝谏皇上啊！”

同僚冷冷地说：

“皇上没有答复，显然是不同意你的见解，你不要再去碰壁了。”

元行冲不甘，又上书玄宗，直言无忌道：

“陛下赦免李志谦，只会令陛下仁德增加；陛下处死李志谦，就会增添残暴之名。陛下无比英明，相信陛下定会做出明智的决定，为万世传颂。”

玄宗为元行冲的话语深深打动，终于同意了他的请求，命大理寺复查李志谦谋反一案。

原文

事勿责。

译文

事情不要过多地指责。

释评

劝说人，不要把目光只盯在具体事情上，这样做会背离劝说人的宗旨，

也会加剧分歧，难以达成一致。人的思想支配人的行动，不挖掘思想根源，问题就得不到根本解决。以事论人是有误差的，不具体分析实际情况，就不能轻易做出结论。

事典

深受教诲的韩世忠

南宋初年，建安郡范汝为造反。朝廷派辛企宗讨伐，没有成功。

朝廷要惩罚辛企宗，大将韩世忠向高宗进谏说：

“辛企宗虽未平定反贼，但他已然尽力，陛下不能因为他打了败仗就认为他没有忠心。臣请求陛下不要杀他。”

高宗说：

“朕奖罚严明，不可因此事坏了朝廷规矩，你是让朕被人非议吗？”

韩世忠仍规劝道：

“反贼势大，辛企宗所率兵力不多，失败是有客观原因的，不能因此过多地责怪辛企宗。臣认为通过此事，朝廷可以增加军备，重新部署。只有打败反贼才是最重要的，如果陛下揪住辛企宗失败这件事不放，那么就会影响平叛的大计，甚至动摇军心。”

在韩世忠劝说下，高宗消了气，赦免了辛企宗。

朝廷任命韩世忠为福建、江西、荆湖宣抚副使，负责平叛之事。韩世忠水陆并进，很快就剿灭了范汝为的人马。

韩世忠想把建安民众全部杀掉，他对将领们说：

“建安百姓资敌，和朝廷对抗，我担心他们不会真心服从。一旦他们再要造反，岂不又要重开战火吗？为了减少麻烦，我决定杀光他们。”

将领们听了心惊，一位将领说：

“不请示朝廷，擅杀百姓，我担心将军会因此被朝廷不容。”

“我做出的决定，自然由我来承担责任，与你们无关。”

大臣李纲听说韩世忠要大开杀戒，从福州驰马来见韩世忠，说：

“你太糊涂了，为什么要这样做呢？”

不待韩世忠说出自己的想法，李纲就开口说：

“天下人都有可能造反，你是否要把他们都杀光呢？你的想法太偏激了，难怪会做出如此荒谬的决断。”

韩世忠不敢分辩。李纲长吁了口气，继续道：

“建安百姓多数是无罪的，你不可枉杀无辜。只有安抚好他们，才能制止叛乱，你要在此多做善事啊！”

韩世忠羞愧万分，他向李纲谢罪道：

“不是大人的开导，我险些犯下大错，我一定按大人的吩咐去办。”

韩世忠命令军队不能驰马入城，并听任百姓自己的选择，愿归农者给以牛、谷，愿为商者放宽征禁，愿回乡者予以遣返。百姓感激其救命之恩，称赞韩世忠为仁义之将。

韩世忠心中有愧，他对李纲说：

“我本想杀光百姓，若没大人规劝，我就是一个罪人了。我现在良心不安，哪里值得百姓赞扬呢？”

李纲劝解道：

“你虽有恶念，但并未实施，这是值得庆幸的，你就不要为此事自责了。你急于求功，不为百姓长远着想，这才是你要改正的错误，否则，你以后还会犯同样的错。我不想过多地指责你，只盼你认真改过。”

韩世忠深受教诲，连连点头。

在讨伐江西的盗贼时，韩世忠告诫将领说：

“我军重在安抚，不可滥杀无辜，如有可能，就要不怕麻烦，尽量招抚他们，切不可贪功好杀。”

韩世忠面对贼兵，扎下营盘。他不急于进攻，连续派人劝说盗贼投降。劝降的人说：

“我们韩将军不想多伤人命，更不想危害当地百姓，他对你们是真心关爱。只要你们放下武器，我们韩将军一定不予追究，给你们以生路。”

盗贼感其挚诚，纷纷投降。高宗命令枢密院公布韩世忠的功绩，又授其太尉官职。

原文

理必知也。

译文

世间的道理一定要了解。

释评

人们犯各种各样的错误，都与他们不明世间大道有关。不明理，人就会做出蠢事、错事，劝说人必从使人明理入手。道理说来简单，让人真正明白却非易事，这是需要实践体验的。在实践中循理而行，在生活中反复体会，人们才能少犯错误，增长智慧。

事典

韦述的淡泊

韦　述

唐京兆万年人。幼聪敏，举进士时，年甚少。为官后累迁工部尚书。在书府四十年，居史职二十年，勒成《国史》。后署安禄山伪职，流渝州，为刺史薛纾困辱，不食而卒。

镜　鉴

多花心思去了解世间的道理，而非追慕浮名，才能活出境界，避开祸患。

唐朝时，京兆万年人韦述聪明好学，家有藏书两千卷，他在童年时已全部读完。韦述的父亲总是教导他说：

“一个人不明世间道理，终是要惹祸生事的。你不可贪图富贵，而要苦修学问，这是我对你的期望。”

韦述去长安参加科举时，他的年龄很小，身材也矮。考功员外郎宋之问问他说：

“你来科考，可有什么心愿？”

韦述回答说：

“我并不在乎能否高中，只是检验一下自己的学识。”

宋之问又问了韦述平时喜欢做什么。韦述老老实实地说：

“我喜欢写书，著有《唐春秋》，可惜没有写完。”

宋之问感叹道：

“科举本是为了选拔优异的人才，这次果然找到了司马迁、班固一般的人才。”

当年，韦述考中进士。

韦述在朝为官，并不钻营。闲暇之时，他便埋头学习，手不释卷。一位同僚见他如此，问他说：

“你把朝堂当作学堂，这样是不会升官的，你到底是为了什么呢？”

韦述一笑道：

“我自觉学问尚浅，这才苦读啊。至于升官之事，我还未作考虑。”

同僚笑他说：

“你不求升官，还在朝廷干什么呢？你是读书读呆了。”

韦述回敬道：

“只求升官，若不明白世间大道，也会犯错误被惩处，这并不是什么好事。你在意功名利禄，轻视世间大道，你才是呆傻啊！”

一次，韦述为人嘲笑。他的朋友和人理论，被韦述阻止了。韦述说：

“和不明事理的人分辩，是得不到什么结果的。”

朋友说韦述软弱无能，韦述却道：

“我对权势名利看得很轻，势利小人无法理解，这是很正常的，我无须为此动气。看来你还是不了解我。”

韦述于是为他讲解人生大道、世间至理。朋友听过之后，欣喜道：

“怪不得你淡泊从容，原来是你洞悉了世事百态。和你相比，我知道得太少了，所以才如此冲动。”

后来，韦述担任朝廷史官。史官有职无权，有人替他惋惜说：

“你有大才，做个史官实在委屈你了，你为何欣然接受呢？”

韦述摇头道：

“你的看法和我的见解完全不同，我不想在此多言了。”

那人追问道：

“做官就要有职有权，否则会让人轻视，你是怎么想的呢？”

韦述驳斥说：

“若是为了个人的私利，你的看法有些道理；可为了朝廷百姓，你的看法就危险了。你的意思不过是当官就要捞取个人好处，否则就是吃亏了。这样只会使人做个贪官恶吏，哪里会得到真正的好处？”

那人和韦述争辩，韦述耐心规劝。后来，那人因贪赃下狱，韦述去探视他。那人向韦述忏悔道：

“我自以为了解一切，不听大人之言，才落得如此下场。我痛定思痛，才知大人的苦心！”

韦述在朝廷藏书的秘阁待了四十年，担任史官二十年。他不追求名利官位，成为当时的著名学者，受到世人的崇敬。

诡辩卷 第七

道以直焉，术以诡焉。
上必称义。
下必言忠。
强必表善。
弱必显勇。
未定之事少言。
难言之秘勿测。
大处惟争，小处惟让矣。

本卷精要

- 以理服人。
- 权术再高明，也难以服众。
- 强者一定要表现出善意。
- 弱者一定要显示出勇猛。
- 还没有确定的事情要少评论。

原文

道以直焉，术以诡焉。

译文

大道依靠正确的道理教育世人，权术依靠欺诈来愚弄世人。

释评

大道不会故弄玄虚，它不靠假话和歪理立说，更不屑装腔作势。它以理服人，以理感人，充满正气，毫无隐瞒。深刻的道理不用借助于权势，也不用依靠名气。它深入人心，打动人心，完全靠揭示真理取信于人。因此，大道才是长久的，才是实用的。遵循大道，对人的助益更是无穷的。而权术是见不得人的伎俩，它的手段再高，也难以服众。

事典

坦荡诚实的李宪

唐睿宗在位时，嫡长子李宪为左卫大将军，封宁王。

当时，睿宗要册立太子。睿宗十分为难，他对亲信大臣说：

“宁王为嫡长子，按理应该立宁王为太子。可平王李隆基杀死韦后，对朝廷有大功，按功应该立平王为太子。朕决断难下，日夜不安。”

亲信大臣进谏说：

“陛下立皇太子，关系到国家安危，不可如此拖延。此事应当交与大臣们公议，方可免生动荡。”

睿宗质问说：

“这是朕的家事，何以要公议呢？”

亲信大臣道：

“皇太子是未来的皇帝，如果选立有失，那么天下就难安了。这件事与天下所有人息息相关，不仅仅是陛下的家事了。何况公议此事，光明正大，

他人就不会有怨言，日后也不会发生争斗之事，这对朝廷是最有利的。"

睿宗于是将此事交与大臣们讨论。大臣们有的拥护宁王李宪，有的拥护平王李隆基，分歧十分严重。

宁王李宪本对太子之位十分渴望，他对自己的心腹说：

"我是皇上的嫡长子，当太子是天经地义的。我有信心治理好国家，把祖宗的基业发扬光大。"

心腹满怀忧虑，他对李宪道：

"王爷以嫡长子自居，在下官看来这并不能使王爷当上太子。此事若是天经地义，皇上自不必让大臣们讨论了。时下，平王李隆基深得人心，王爷和他争太子之位，胜算不大啊！"

李宪思量多时，叹气说：

"论功，我是不如他。可我并不想放弃，你有什么好办法吗？"

心腹直言道：

"王爷争做太子，无非是为了荣华富贵，可明知胜算不大，还要强争，反会带来祸患。这对王爷有什么好处呢？情势如此，王爷不可违背大道，当顺应人心，主动放弃。"

李宪脸色阴暗，不肯表态。心腹进一步劝他说：

"平王李隆基能文能武，重情重义，他当太子是众望所归。而王爷纵使耍手段当上了太子，也面临重重危机，前途难测啊。遵循大道，就不能欺诈弄鬼，更不能逆天而行，王爷不可在此有失啊！"

李宪反复考虑，终于做出决定。他对心腹说：

"治理天下当用有为之人，我无德无能，是没有资格担当这一重任的。与其被人否决，不如主动请辞。"

于是，李宪对睿宗主动推辞说：

"皇位继承人不是哪一个人的爵位，而是整个天下的爵位，天下太平之时嫡长子优先，而在国家危难之际则应当归于有功的人。此事如果处置不妥，会导致天下人失望，给江山社稷造成危害。臣如今请求把太子的位置让给有功的人。"

睿宗见李宪如此，大为感动，他说：

"自古罕有推让太子之位的，你是如何做到这一点的？"

李宪诚恳道：

"争夺大位不能靠阴谋手段，更不能违背天理人心，如此才能得到天下人的拥戴，把国家治理得繁荣昌盛。臣认准这个道理，自知德行有亏，所以才不计个人得失，为贤德之人让路。"

睿宗欢喜道：

"你如此明理守节，坦荡诚实，真是朝廷之幸啊！"

睿宗同意了李宪的请求，对其予以重赏，又下诏赞扬他。

原文

上必称义。

译文

在上位的人一定会说自己是讲道义的。

释评

一个人是否讲道义，自己说的并不算数。在封建专制时代，在上位的人多是不讲道义的。他们满口仁义道德，实际上都是骗人的。他们需要这种掩饰，这样做不仅可以美化自己，欺骗民众，还可以借此排斥异己，巩固权势。统治者想永居高位，所以总是把自己打扮成道义的化身。

事典

心怀异志的陈霸先

南朝梁武帝时，陈霸先在广州刺史萧暎手下任中直兵参军。萧暎器重陈霸先，让他负责招兵买马之事。

陈霸先暗中高兴，他对自己的心腹说：

“在乱世，要想成就事业，必须有兵有权，我正可借这个机会拥有自己的势力。不过招兵买马也是件难事，我该如何说服人们呢？”

心腹指出道：

“人们敬重讲道义的人，大人一定要在此不遗余力，多加宣传。只要人们认可了大人的仁德，大人也就成功了。”

陈霸先疑惑道：

“人们当兵多是贪图兵饷，宣传道义真的管用吗？”

“人们若认为你是无情无义的小人，他们还会相信你吗？你许诺再多的钱财也是枉然，大人还是按我说的做吧。”

陈霸先于是大讲道义，结果很快便招来了一千多人。陈霸先惊喜过望，从此把这件事牢牢记在心上。

太清二年（548）冬，侯景进攻都城建康。陈霸先准备率军前去救援。此时，广州刺史元景仲心怀异志，企图攻击陈霸先。陈霸先觉察这一情况后，对部将说：

“元景仲有反叛之心，除掉了他，我军就可大显威名，所以我想首先讨伐他。”

一位部将道：

“都城危在旦夕，将军应先去救援都城，不该和元景仲纠缠，这会因小失大的。”

陈霸先驳斥道：

“不灭元景仲，我军就无法驰援都城，他会首先攻击我军的。再说，元景仲拥有重兵，他若反叛，便会造成举国震动，增加叛军的声望，这对朝廷的影响更大。”

陈霸先如此决断，自有他的私心，远不像他说的那样好听。他私下对心腹说：

“侯景骁勇善战，我军和他作战只会两败俱伤。万一失败，我就没有争夺天下的本钱了。元景仲看似强大，其实不堪一击。我灭掉他，不仅可以增加名望，而且可以树立坚守道义的形象，这才是最合算的。”

陈霸先在做了充分的准备之后，发布文告，讨伐元景仲。元景仲不敌，最后兵败自尽。陈霸先因此一战，威名远扬。

后来，大将王僧辩拥立贞阳侯萧渊明为帝，陈霸先极力反对。王僧辩对陈霸先说：

“贞阳侯和你无冤无仇，你为什么坚决反对他呢？”

陈霸先说不出正当理由，只道：

“当天子的当有大德大能，贞阳侯并不具备这样的才能，自是不可为天下之主。”

王僧辩气愤道：

“你居功自傲，反对贞阳侯，不过是想窃取更大的权力罢了。”

陈霸先于是率兵进攻王僧辩。王僧辩走投无路，束手就擒。

陈霸先为了证明自己是正确的，就召集将士说：

“王僧辩阴险狡诈，他表面上拥立贞阳侯，其实是为了让自己掌握朝政。他这样不讲道义，我是代表上天惩罚他！”

王僧辩和他的儿子一起被杀。

陈霸先拥立萧方智为帝，他自己总揽朝政。他的心腹对他说：

“大人劳苦功高，不该长久委屈自己，大人当登天子之位了。”

陈霸先长笑道：

“我不能逼迫皇上退位，否则就失去了道义之名。耐心是不可缺少的，这样才不会被人指责。”

心腹知其心意，于是一再逼迫萧方智，恐吓他说：

“陛下人心丧尽，而陈霸先却道义在身，举国拥戴。陛下若不知进退，大的灾难是不可躲避的。”

最后，萧方智禅位于陈霸先。陈霸先登基称帝，建立了陈朝。

下必言忠。

译文

处下位的人一定会说自己是有忠心的。

释评

封建统治者最在意臣子是否忠心，任何臣子都不敢在此有丝毫的马虎，奸佞之人也不例外。其实，真正的忠诚无须表白，只要行事无偏便可。昏庸的统治者不辨忠奸，重用奸诈小人；而奸诈小人托口忠贞，文奸济恶，实际上是在损毁统治者的根基。

事典

应奉的最大忠诚

东汉时，武陵郡蛮人詹山等纠众四千多人反叛朝廷。朝廷让公卿大臣商议如何解决此事，大臣们都推举应奉，认为他能胜任将帅的职务。他们荐举道：

“应奉有军事才能，且对朝廷忠心耿耿。他默默做事，从不表功，这和只会表白忠心而实际奸诈的人有天壤之别。打仗要有忠有能，应奉当是最合适的人选。”

永兴元年（153），桓帝任命应奉为武陵太守，负责平乱之事。

应奉上任后，对属下说：

“反贼凶顽，不可强攻，我想招降他们，你们可有敢去下书之人？”

属下左顾右盼，无一人回应。

应奉见此叹息说：

“难怪此处反贼不得剿灭，原来你们都是贪生怕死之辈。你们平日口口声声喊着忠心为国，原来都是假的。你们这样表里不一，如不改变，我一概弃之不用！”

应奉用心安抚叛军，终使他们归降。

一待局面安定下来，应奉便兴办学校，选拔被埋没的人才，改变旧有的习俗。不久，应奉便取得了显著的政绩。

一次，应奉因为疏忽，处置公事不当。有人向朝廷揭发了此事，诬陷他别有用心。桓帝心生猜疑，对亲信大臣说：

“以应奉的才智，他会有这样的失误吗？朕怀疑他的忠心哪。”

亲信大臣忌恨应奉，在旁应声说：

“应奉自恃有功，野心也日见增长，陛下所虑极是。”

桓帝想惩治应奉，朝中正直大臣都加以劝谏。他们说：

“一次失误就否定应奉的忠心，这是不恰当的。应奉在武陵郡做了大量实事，为人称颂，这绝不是不忠之人能做到的。陛下不可听信谗言。”

桓帝回应道：

“应奉是否忠心，朕已有判定，你们就不要保举他了。”

桓帝下令免除应奉的官职。应奉没有申辩，他告别属下说：

“我无愧于心，只是感到遗憾。让人认识自己是需要时间的，但不管怎样，你们不能失去对朝廷的忠诚。”

延熹年间，武陵蛮人又进犯荆州，车骑将军冯绲认为蛮人应能为应奉折服，便上书请求应奉和他一起征伐蛮人。冯绲说：

“应奉不是不会表白忠心，只是他不屑这样做罢了。应奉注重做实事，这无疑是最大的忠诚，陛下不能再弃用他了。如今讨伐蛮人，需要应奉这样的人才，有他参与，相信定会大获全胜，请陛下恩准。”

桓帝接到冯绲的奏疏，对大臣们说：

“讨伐蛮人，难道非应奉不可吗？冯绲一定是高估他了。”

大臣们却一致推荐应奉说：

“应奉确实有才能，让他讨贼定会成功。应奉并无大的过失，陛下还是起用他吧。”

桓帝见众人异口同声，皱眉道：

“朕重视臣子的才能，更重视臣子的忠心。若无忠心，才能又有何用？你们一致举荐应奉，朕就再给他一次机会。”

应奉被任命为从事中郎。冯绲向应奉道喜，建议说：

“皇上对你颇有疑虑，你应该向皇上上表谢恩，以示忠贞。”

应奉拒绝道：

“我只有打败蛮人，建立功劳，才能证明我的忠诚，而口说忠诚是无用的。我向来如此认为，不想学奸佞的模样！”

应奉勤于谋划，操劳不休，蛮人终被打败。冯绲向朝廷报告了应奉的功劳，桓帝感慨地说：

“朕从应奉的身上，看到了真正的忠臣风范！”

桓帝于是升迁应奉的官职，让他做了司隶校尉。

原文

强必表善。

译文

强者一定要表现出善意。

释评

强者为人瞩目，也最容易招人非议。一个人如果被扣上了“为富不仁”的帽子，那么他是很难翻身的。强者并不都是善类，但这样的强者大多不会以本性示人，因为这只会孤立自己。

事典

善于应对的萧衍

萧　衍

南朝梁开国君主。仕齐为雍州刺史，镇守襄阳。齐末，皇室内乱，起兵入京，独揽政权，封梁王，旋废齐和帝自立，改国号为梁。在位四十八年，庙号高祖。

镜　鉴

在强者面前，弱者随机应变，才能有安身之所。

南朝齐废帝郁林王萧昭业在位时，道德败坏，失去人心，辅政大臣萧鸾谋划废黜萧昭业。

萧鸾信任大将萧衍，于是经常和他商议此事。萧鸾想调回随王萧子隆，予以诛杀，但又怕萧子隆不服从调遣，更担心坐领会稽的王敬则反叛。他就此事询问萧衍说：

“随王和王敬则都是有实力的，我没有十足的把握对付他们，你认为该如何应对？”

萧衍分析说：

“随王虽然很强大，但他只是平庸之辈，手下也没有智谋之士。他依靠的亲信只有司马垣历生、武陵太守卞白龙，而这些人都唯利是图，用显赫的官职做诱饵，他们必定前来。至于王敬则，他的志向在于稳坐江东，享受荣华富贵，可以选送美女供他娱乐。”

萧鸾随即征召垣历生任太子左卫率、卞白龙任游击将军，二人都应召赴任。接着，萧鸾又征调随王萧子隆回京。

萧子隆接到命令，心中不安，他对手下的亲信说：

“萧鸾说有要事与我商议，言辞亲善，我是否回京呢？”

亲信怀疑说：

“萧鸾专断朝政，一向目空一切，他此时对王爷表达善意，当心有诈。”

萧子隆摇头道：

“我是皇亲，萧鸾没有胆子对我下手，他这是有意和我交好啊！”

萧子隆于是入京。萧鸾立即将他囚禁起来，随后逼他自杀了。

萧衍见萧鸾害死了萧子隆，心中不禁涌上寒意。他对心腹说：

“人是善变的，万不可被其假象蒙蔽啊！萧鸾看似忠厚善良，谁知他如此心狠手辣呢？我现在投靠他是身不由己，但我不能疏于防范。”

萧鸾不仅对萧衍表示友善，还给萧衍加官晋爵，又不时设宴款待他。

一次，萧鸾对萧衍说：

“我若为天子，定会给你大的富贵。你愿意接受吗？”

萧衍见他显露出了野心，心中一紧，马上道：

“大人文武兼备，天命眷顾，天子之位非大人莫属。我追随大人，正是为了荣华富贵，哪有不接受之理？”

萧鸾见萧衍顺从，于是把话题岔开。

萧衍回府后，大呼凶险，对家人颤声道：

“萧鸾久有篡位之心，他今日故意试探我，可见他并不信任我啊。”

家人道：

“大人何不逃走呢？”

萧衍哀声说：

“我若逃走，定会被他追杀，这个办法是行不通的。”

萧衍苦思一夜后，镇定了下来，他吩咐家人道：

“从今以后，你们要多多置办奢侈之物，让人认为我们追求享乐。我在萧鸾面前，也会索取赏赐，让他相信我是只求享乐之人。只有这样，萧鸾才不会怀疑我，我们才可保命。”

萧鸾得到奏报，说萧衍一家夜夜欢宴，鼓乐不断。他笑着对亲信说：

“安心享受富贵之人都是没有远大志向的，看来我要对萧衍多多赏赐了。”

萧鸾为了笼络人心，对大臣赏赐不断，对萧衍的奖赏更加丰厚。萧衍心中戒备，表面上却一再向他谢恩，说：

“大人仁善无比，能在大人手下做事，这是我最大的荣幸。我一定追随大人一生一世。”

494年，萧鸾自立为帝。萧衍善于应对，始终没有致祸。

原文

弱必显勇。

译文

弱者一定要显示出勇猛。

释评

弱者虽弱，可要在世上生存，要让他人尊重自己，就不能不显示出勇猛的模样。弱者在特殊情境下必须难为一下自己，袒露自己的卑弱处境并不是高明的生存之法，放手一搏或可获得一线生机。

事典

崔从的镇定自信

唐朝清河武城人崔从少年时父亲就去世了，家境清贫。崔从与哥哥崔能一起隐居于山林，刻苦学习。

崔从性格有些软弱，常有自卑之感。崔能总是教导他说：

“我们是弱者，将来若要出人头地，就要勇于打拼。你自怨自艾，只会让人瞧不起，又有什么用呢？”

崔从听取了哥哥的话，他说：

“我要改变自己，哥哥就放心吧。”

崔能道：

“若不能彻底改变，你也要学会掩饰自己的弱点，你自己慢慢领悟吧！”

贞元初年，崔从考中进士，被授予山南西道推官。

后来，崔从权知邛州事时，西川节度使韦皋去世，节度副使刘辟反叛，要吞并东川。刘辟劝崔从和他一起谋事，还威胁说：

"我有重兵在手，你若不愿助战，便是我的敌人了。现在是生死存亡之时，你不要做后悔的事。"

崔从和部下商议，部下道：

"刘辟残忍好杀，又拥兵数万，我们实在不是他的对手。"

崔从冷声说：

"你是让我投靠他？他是反贼，我怎能降敌呢？"

部下诉苦道：

"不顺从他，我们必死无疑，不如佯作投靠，伺机再想他法。"

崔从气愤地说：

"你这只是托词，你还是想让我们归顺他啊！"

崔从赶走了这个部下，悲壮地对手下官兵说：

"我决心抗敌，誓死保卫朝廷。现在，我们势力弱小，不显现出勇猛和拼死的精神是不能让敌人畏惧的。你们不要气馁，我和你们并肩战斗，定可退去强敌。"

刘辟发兵进攻崔从，崔从据城自守，始终没有屈服。朝廷据此表彰崔从，夸赞他忠勇果敢。

崔从在任御史中丞时，权贵有不法行为，他总是毫不手软，加以弹劾。同僚敬佩他，一次问他说：

"权贵权大势大，报复心强，你为什么不怕他们？"

崔从苦笑道：

"我也是人，哪有不怕之理？我若是表现出畏惧心理，只会使自己失职，让权贵嚣张。我故作勇猛，虽属欺诈行为，但也是为了打击犯罪的权贵，我还是心安理得的。"

镇州的藩镇官副使王承宗作恶多端，阴险狡猾。一次，朝廷让崔从去镇州下诏书，很多人都担心他的安危。

崔从对人们说：

“王承宗尽管残暴，但他也会惧怕刑法。我身为朝廷使者，只要气定神闲，无所畏惧，相信他是不敢害我的。”

崔从行至魏州时，魏州长官认为他北上赴镇州要途经强盗出没的地区，要拨给他五百骑兵随行。崔从拒绝说：

“我若接受大人的好意，王承宗一定会以为我怯弱，反而对我不利。强盗并不可怕，我担心的是王承宗啊！”

崔从只率奴仆十几人赶赴镇州。他对奴仆们说：

“我们虽然势单力薄，但我们有朝廷做后盾，所以你们用不着害怕。形势愈是对我们不利，我们愈要镇定自信，这样方可令敌人畏惧。”

崔从到了镇州，向王承宗部众宣读皇帝的敕令。他话语慷慨，情绪激昂，将士们都被感动了，王承宗更被其气势所震慑。

最后，崔从完成了使命，平安归来。

原文

未定之事少言。

译文

对没有确定的事情要少加评论。

释评

事情的变化是难以预测的，对未定之事妄加评论是不慎重的，很容易出现失误，给人留下口实。在未知全貌时就表达自己的观点，一旦情况改变，便难以使自己解脱出来，这是聪明人所不为的。

事典

自称愚钝的萧颖士

唐玄宗天宝初年，萧颖士在朝为官，为秘书正字。

当时，裴耀卿、席豫、张均、宋遥的学问都在萧颖士之上。萧颖士和他们同朝为官，凡事都积极向他们请教，而自己从不轻易发表意见。

一次，萧颖士和他们谈论国事，其他人都争先发言，只有萧颖士随声附和，不谈论自己的见解。张均于是对萧颖士说：

“你也是个有学问的人，对国事肯定有自己的看法，为何不置一词呢？”

萧颖士只称自己愚钝，说：

“我见识低下，不敢和各位大人议论国事，听你们的教诲就足够了。”

事后，席豫对其他人说：

“我看萧颖士很有智慧，他不发一言，分明是有心如此。他是怕授人口实呀！他这般谨慎，一般人难以做到。”

从此，裴耀卿等人都十分敬佩他。

宰相李林甫看重萧颖士的才识，想要拉拢他。一日，李林甫派人相请，萧颖士却以父亲去世为由婉拒。李林甫怀恨在心，于是调萧颖士为广陵参军事，把他赶出朝廷。

萧颖士的朋友责怪他说：

“宰相相邀，这是十分难得的好事。你因拒绝得祸，这都怪你啊！”

萧颖士反问道：

“你怎么知道宰相相邀就一定是好事呢？你看事情太简单了。”

朋友说：

“李林甫位高权重，他能看上的人实在不多。他邀请你，一定是想重用你，难道这不是件好事吗？”

萧颖士长叹道：

“你是只知权位，不知其他啊！李林甫虽然权势很大，但此人心术不正，毫无信义，是个典型的小人，和他在一起，只能为他利用。一旦他对你下手，你的生死就难测了。我今日虽然被贬，但是可以保全自己。在我看来，这才是真正的好事。”

后来，史官韦述推荐萧颖士接替自己的职务。萧颖士有心拒绝，却难以开口。他对朋友说：

“韦述看重我，他是真正为我好，可我并不想赴任。”

朋友奇怪道：

“你正好可以重返朝廷，这是件喜事，你还忧虑什么呢？”

萧颖士沉重道：

“李林甫还在朝中把持大权，他对我怀恨在心，自会继续刁难我，我无法和他对抗，所以才不想应召。”

朋友规劝说：

“你为朝廷做事，不能因为李林甫就选择逃避。李林甫不一定像你想的那样，你还是入朝吧。”

萧颖士于是来到长安。

李林甫还想收买萧颖士，就对他说：

“你胸有大志，腹有才学，若是得到我的提拔，是大有前途的。我不知道自己有什么缺点令你回避我，你若以实相告，我一定加以改正。”

萧颖士见李林甫目光闪烁不定，知道他在说谎，于是躬身一拜，说道：

“大人乃我朝大德大贤之人，优点数不胜数，哪有什么缺点。我官小职微，不敢和大人高攀，根本不是有意回避。大人太抬爱我了，我还是喜欢做个史官。”

李林甫心犹不甘，仍是拉拢说：

“你年轻气盛，不知官场复杂，我可以原谅你。你要知道，做个史官不仅辛劳，而且清苦，有什么好处可言？你只要跟随我，以后就不愁荣华富贵了。”

萧颖士依旧婉拒。回到家中，他怒气难平，对家人倾诉说：

“李林甫威逼利诱，他是个大奸臣啊！我不能屈服于他，否则，我便会

和他一样遭人唾弃了。”

萧颖士不肯依附李林甫，表面上却也不公开和他对抗。李林甫怀恨不已，不久又免了萧颖士的官。此举正中萧颖士的下怀，他马上收拾行装，离开了是非之地。

原文

难言之秘勿测。

译文

对别人藏在心中的秘密不要加以猜测。

释评

每个人都有难言之隐，特别是对封建当权者而言，他们的秘密往往事关重大，更被视为禁忌。处下者需要约束自己，不去猜测它，免得给自己带来灾难。

事典

王涯的探查

唐文宗时，宦官拥有大权，文宗为此十分苦恼。

大臣李训是文宗的亲信，他为了帮助文宗巩固权力，提出了驱逐宦官的建议。文宗马上赞同，并告诫李训道：

“宦官势力强大，此事一定要保密，不可让外人知晓。”

大臣王涯、舒元舆见文宗不时召见李训，私下议论说：

“皇上定有秘事和李训相商，我们一定要设法知道。”

一日，王涯去拜见文宗，探寻道：

“陛下频繁召见李训，臣猜测必有要事。臣对陛下忠心耿耿，若是陛下有所差遣，臣一定万死不辞。”

文宗心中吃惊，表面却镇静道：

“朕无私事，你想得太多了。你胡乱猜测朕心，实不应该啊。”

王涯见文宗不悦，心中更是认定文宗有事相瞒。王涯找到舒元舆，重声道：

“我探问皇上，皇上面有难色，可见皇上必有心事啊！我们要为国尽忠，怎能在此旁观呢？”

舒元舆踌躇道：

“皇上不想言明，必有隐情。你当面询问皇上，是否不妥呢？何况圣心难测，此事若关系重大，我们知晓了当没有什么益处。我看你还是不要继续探究了。”

王涯急道：

“皇上之事都是关系到国家的，哪有什么私事？我探究此事，也是想替皇上分忧，有什么不当的呢？”

王涯并不收手，他四下探查，多方了解，终于弄清了文宗的意图。

王涯十分兴奋，对舒元舆等人说：

“皇上要驱逐宦官，这可是大快人心的好事啊！宦官作恶多端，横行多时，我们一定要帮助皇上。”

舒元舆听来心惊，他考虑再三，小心劝王涯道：

“此事如此重大，稍有不慎，就会使许多人丧命，我们还是佯作不知为好。皇上不将此事告知我们，分明是不信任我们，我们就不要瞎起哄了。”

王涯不满道：

“你这样分明是贪生怕死，哪是忠臣该有的行为？驱逐宦官是利国利民的义举，我是不会错过的。”

舒元舆事后对家人道：

“王涯探知了皇上的隐秘，又想主动参与，他这是有欠考虑啊。万一事情败露，祸事就上门了。”

舒元舆又找到王涯，恳求说：

“现在，宦官的权势很大，皇上也未必驱逐得了他们。为了你的日后着想，你也不该蹚这浑水。趁现在还无事发生，你就只当什么都不知道吧！”

王涯认为舒元舆胆小怕事，于是懒得和他对话，把他推出门外。

第二天，王涯直接对文宗说：

“臣听说陛下想驱逐宦官，特前来领命，请陛下吩咐。”

文宗惊慌地站起来，否认说：

“绝无此事，你真是糊涂了！”

王涯正色道：

“为国除奸，这是忠臣的责任，陛下不该对臣隐瞒。臣盼望这一天很久了，就请陛下分派任务吧！”

文宗怔立良久，无奈长叹，只好对王涯道出了实情。

王涯于是找到舒元舆等人，向他们说明了文宗的旨意。舒元舆至此，只好随王涯筹划大事。

不久，事情败露，宦官抢先下手，搜捕谋事之人。王涯、舒元舆等人被擒，最后以谋反罪被杀害。

原文

大处惟争，小处惟让矣。

译文

大的方面一定要力争，小的方面可以退让。

释评

为人处世，原则性的方面必须要坚持，而小的方面若不影响大局，可以在此退让。大的谋划需要抓大放小，做人也是一样，这是人们必须认清的道理。

事典

王导的息事宁人

东晋明帝死后，王导和庾亮同受遗诏，共辅幼主成帝。

庾亮专权，言行粗暴。王导作为三世佐命之臣，却时时让着他，避免和他发生冲突。一位大臣问王导说：

“您功高望重，不该畏惧庾亮，您要和他斗争，我们都会支持您的。”

王导安抚大臣说：

“我不是怕庾亮，我是怕他视我为敌，从此朝廷就争斗不止了。臣子之间如果不能相容相让，那么受损的只能是国家，我不能为了私利而为国家惹来大祸。”

一次，庾亮有意为难王导，在群臣面前斥责他。王导不仅不发怒，反而一笑道：

“你公开指出我的缺点，可见你才是我的挚友，我很欣慰。”

庾亮私下追问王导说：

“你真的不忌恨我吗？”

王导为了安抚庾亮，只道：

“你我同是辅命大臣，你是新贵，我已是老朽，我的富贵还要仰仗你，我为了自己也不能忌恨你。这是我的真心话，你绝顶聪明，自会分出真假。”

庾亮听了很高兴，遂不再难为王导。

王导的朋友为他感到耻辱，说：

“你是晋朝的大功臣，功劳无人能比，为什么要对庾亮低头呢？看到你一再忍让，我真是替你难过。”

王导放声一笑说：

“我对庾亮说，不和他计较，就是为了让他相信我不是他的威胁。庾亮害怕我和他争权，我只有做出小的退让才可安抚他。你放心，在事关朝廷命运的大事上，我是不会听任他胡来的。”

庾亮要征召地方官苏峻入朝，王导加以阻止说：

“苏峻这个人阴险狡诈，还怀有野心，对他还是谨慎行事为好。”

庾亮坚持说：

“正因如此，我才要调虎离山，加以控制，你不该反对啊！”

王导大声道：

“你这样轻举妄动，只会加速苏峻的反叛行动，这对朝廷无疑是一场大灾难。我和你争论，不是我们的个人之争，你应该认识到此事的凶险。”

庾亮气道：

“你从前顺从我，如此说来都是假象了？你是有意欺骗我吗？”

王导直言说：

“这不是假的，我不想因为个人的利益和你争斗。只要不损于朝廷，些许小事，息事宁人为好。”

庾亮不能理解王导的良苦用心。他对亲信说：

“王导存心欺骗我，我还能相信他所说的吗？”

庾亮仍是征召苏峻。后苏峻发动叛乱，朝廷的军队大败。苏峻之乱被平息后，宗庙宫室全部化为灰烬，朝廷的元气大伤。

默言卷 第八

智者不以言能。
贤者不以名重。
恶者不以诫止。
庸不纳忠。
明不容奸。
良言易污。
心善易伤。
专权者上也。
保身者下也。
上下难交心矣。

本卷精要

· 聪明之人不会以言为能。

· 贤德之人不会以名望为重。

· 凶恶之人不会听从劝诫。

· 慎言往往是人们的保身之法。

· 善良的人容易受到伤害。

原文

智者不以言能。

译文

有智慧的人不以能说会道为能。

释评

善于辞令也有它的弊端。在封建专制时代，因言辞致祸并不是稀奇之事，所以慎言往往成为人们的保身之法。人的智慧不在于他是否会说，而在于他能否约束自己不说。以言为能是缺少智慧的表现，因为很多事情是无法用言语来解决的。

事典

不以善辩求生的朱序

前秦苻坚在位时，派苻丕攻打东晋要地襄阳。镇守襄阳的朱序坚持守城，他鼓舞手下将士说：

“敌军势大，但他们远道而来，人马疲惫，只要我们上下一心，就一定能击退他们。我们已没有了退路，只有奋勇杀敌，才有活命的希望。”

朱序每日动员，坚持不懈。他的母亲韩氏对他说：

“对敌作战，鼓舞士气固然重要，但也不能过分依赖言辞。你天天对将士喊话，时间长了，作用就不大了，你还是思量其他退敌之计吧！”

朱序认为母亲教训得对，他说：

“敌众我寡，言辞的作用的确有限，我要做好其他准备啊。”

韩氏亲自登城查看，她认为西北角防御薄弱，容易被敌军突破，就领着家中百多名使女和一些民妇在西北城角斜着筑起又一道新城墙。韩氏对朱序说：

“我帮你筑城，你也要加强防范，切不可有所疏忽。”

不久，敌军进攻西北角。朱序领兵固守新城墙，敌军强攻不下，只好撤兵。

襄阳城庆祝大捷，督护李伯护对朱序极力美言，他说：

“我们死里逃生，都是大人的功劳。大人智计过人，无人能比，你就是我们的再生父母啊！”

朱序听了李伯护之言，心中高兴，连声道：

“你能说会道，颇知人心，当是我军中的能人志士了。”

冷眼旁观的韩氏面上忧虑，只好私下对朱序说：

“我见李伯护存心献媚于你，你为何还赞美他呢？李伯护以言为能，心术不正，你要提防他。”

朱序不以为然，他说：

“强敌已退，人人高兴，李伯护只是多说了几句，并不为过。我要提防的只是敌人，绝不是李伯护啊。”

后来，李伯护暗中与敌相通，致使襄阳陷落。朱序逃到宜阳，躲藏在夏揆家中。

苻坚听到风声，便把夏揆拘捕，逼问朱序的下落。朱序为了拯救夏揆，只好出来自首。朱序对苻坚说：

“我战败逃亡，不能连累恩人受难，你就惩罚我吧！”

苻坚问道：

“你本可以活命，为何还出来受死呢？”

朱序只道：

“我不想多说，更不想请你饶命，只请放了夏揆。”

苻坚见朱序正气凛然，心生敬意，对左右说：

“朕只听说过义士之事，却从未见过真正的义士，今日算见到了。朱序在生死关头，犹不自我辩解，却是救助他人，这是只说不做的小人能做到的吗？”

苻坚敬佩朱序有气节，不仅不问他的罪，而且让他做了尚书。

朱序无奈服侍苻坚，心中常怀郁闷。他对心腹说：

“我被迫侍敌，愧疚难当，我要等待机会返回朝廷。”

太元年间，苻坚南侵，谢石等率军抵抗。苻坚派朱序前去说服谢石投降，朱序满口答应。一待见了谢石，朱序为其献计道：

“我身在敌营，早想回归朝廷，我终于等到这一天了。现在敌军的兵力尚未到齐，将军当先挫败其前锋，这样就可以扭转战局。”

接着，淝水之战爆发，前秦大败。朱序回到了东晋朝廷，被任命为龙骧将军。

原文

贤者不以名重。

译文

贤德的人不以名望为重。

释评

名利躁动人心。一个人如果把名望看得过重，就很难甘于寂寞了。如此，追名逐利，唯恐人所不知，贤德便与他无缘了。真正的贤人淡泊名利，不会非议他人，更不会在意他人对自己的非议。他们的沉默是对恶俗和名利的蔑视。

事典

刘芳的贤德

北魏宣武帝时，大臣刘芳受命主持礼乐之事。刘芳不想独占功劳，他对宣武帝说：

“礼乐事大，臣担心能力有限，会有错漏，特请求和公卿、文人共同操持。”

刘芳此举让很多人感到意外。一位同僚对他说：

“你独自担当礼乐之事，这份荣耀就属于你一个人了。你不该主动提议和众人分享，这对你来说是个巨大的损失啊。”

刘芳的家人也责怪刘芳。刘芳耐心劝说他们道：

“你们只见到了荣耀和名声，却见不到我的追求，这令我很失望啊。我只关注德行的增长，自然要除去功利之念，请你们一定要理解我。”

礼乐之事完成之后，有人嫉妒刘芳的功劳，私下中伤他。刘芳不以为意，反而主动找到中伤他的人，恳切道：

“尽管你批评我的言辞与事实不符，但我还是要谢谢你的提醒，这说明我的所作所为仍有缺失，我还要追求精进。”

中伤他的人说：

“你不恨我吗？”

刘芳笑道：

“我为什么要恨你呢？一个人总会有人在背后说他，这是人之常情。我不能改变别人，只能让自己改变了。”

朝廷设立的社稷台没有种树，刘芳认为不妥，想要向宣武帝进谏。同僚认为那是宣武帝的主张，不能改变，遂劝他说：

“皇上已有定见，我们做臣子的就应该遵从，你就此事向皇上进谏是不应该的。”

刘芳回应道：

“社稷台是国家的重地，无树不合礼仪，我提醒皇上是没错的。”

刘芳旁征博引，用古代礼仪的典故劝谏宣武帝。宣武帝采纳了他的建议后道：

“你这个人平时沉默寡言，想不到今日却长篇大论，你平日是故意伪装自己吗？”

刘芳回答说：

“臣只对关系到国计民生的事情感兴趣，而不会对其他琐碎之事多言。”

宣武帝赞叹道：

“由此可见，你真是个贤德之人！若是他人，当不会把有益于自身升迁之事视为琐碎小事的。”

刘芳精通学问，对经书史传多有研究，可在和他人交谈时，他却从不多言，只是倾听他人的见解。

一次，刘芳和群臣议事。群臣个个高谈阔论，有的还争得面红耳赤，只有刘芳不急不躁，沉默不语。

群臣追问刘芳有何高见。刘芳不肯作答，只说：

“我是来学习的，实在没有自己的意见。”

事后，一位同僚对刘芳说：

“群臣之中，你的学问最大，你为何不开口呢？”

刘芳叹气道：

“群臣个个逞强显能，我若开口，必和他们发生争论，这只会伤了和气，令人失望。我不想这样，更不想使自己庸俗不堪。”

延昌二年（513），刘芳逝世，享年六十一岁。宣武帝敬重他的贤德，下诏赐绢帛四百匹，赠镇东将军、徐州刺史封号，谥文贞。

原文

恶者不以诫止。

译文

恶人不会因为他人劝诫而停止作恶。

释评

劝诫恶人虽是勇敢的行为，但十分危险，人们要有充分的思想准备。实际上，真正的恶人狂妄自大，很少能认真听从他人的规劝。既然劝诫无用，那么要中止他们的恶行，就只能靠无情的打击了。

事典

一厢情愿的拓跋绍

北魏道武帝时，清河王拓跋绍凶暴无赖，作恶多端。他常常抢劫行人，还喜欢射杀民户的牲畜。

道武帝多次劝诫拓跋绍说：

“你身为皇子，十分尊贵，自不能做那些残暴之事。皇家的脸面都让你丢光了，你要彻底悔改啊！”

拓跋绍十分狡诈，他每次都向道武帝保证说：

“儿臣只是一时糊涂，儿臣一定听从父皇的训诫，下次再也不敢了。”

拓跋绍骗过了道武帝，私下却恨恨地对心腹说：

“皇上只会责怪我，他哪里知道这才是我无上的快乐呢？我贵为皇子，理当为所欲为，谁也管束不了我。”

拓跋绍屡教不改，道武帝大怒，一次竟把他头朝下倒悬在水井里，直悬得拓跋绍快要断气，道武帝才下令把他拉出来。

拓跋绍的兄长齐王拓跋嗣为拓跋绍担忧，想要劝诫他。他对亲信说：

“拓跋绍虽是恶人，但他毕竟是我的弟弟，我怎能看他如此堕落呢？我相信拓跋绍还是能听从我的劝诫的。”

亲信无力道：

“王爷太自信了，拓跋绍连皇上的话都不听，他怎会在意王爷之言呢？劝诫对拓跋绍毫无用处，只会让他忌恨王爷，王爷还是不要多言了。”

拓跋嗣仍坚持要劝诫。他找到拓跋绍，当面告诫说：

“做人自有做人的规矩，你不守本分，善恶不分，迟早要惹出大祸，我不忍见那一天到来呀！我们都贵为皇子，衣食无忧，享尽富贵，你应该知足了。”

拓跋绍当面顶撞说：

“你凭什么教训我呢？我这样做事自有我的道理。”

拓跋嗣多次劝诫无效，十分着急，对亲信说：

“拓跋绍不听我劝，一意孤行，我担心他要惹祸事啊。”

亲信直言道：

“王爷只会担心拓跋绍，难道就不担心自己吗？拓跋绍实属恶人之类，王爷当要防范他对你不利。”

拓跋嗣仍不死心，他长叹道：

“我们毕竟是亲兄弟，他是不会害我的，我还要规劝他。”

道武帝对拓跋绍失望已极，几次想惩罚他，拓跋嗣都劝阻说：

“惩罚皇子只会使父皇难堪，令朝廷蒙羞，父皇千万不要这样做。儿臣相信能令他悔改，还是让儿臣替父皇分忧吧。”

道武帝痛声道：

“朕知道你的好心，朕担心你的好心对拓跋绍完全无用啊！对这样的逆子，只能严惩，朕不想指望他了。”

拓跋嗣怕事情闹大，极力阻拦。道武帝一时心软，只好罢手。

拓跋嗣的亲信多次对他说：

“王爷一片好心，可拓跋绍并不会领情。王爷反复规劝他，我想拓跋绍会更加忌恨王爷，这是费力不讨好的事，王爷不要再做了。”

拓跋嗣不悦道：

“你数次劝阻我，还危言耸听，你就不想看见拓跋绍有所改变吗？”

亲信苦声说：

“我敢断定拓跋绍是绝不可能有所改变的，王爷不要一厢情愿了。拓跋绍恶性已成，王爷当劝说皇上惩治他。否则，皇上和王爷都要小心他的报复，绝不可大意。”

后来，拓跋绍的母亲贺夫人犯了错，道武帝将她幽禁在宫中。道武帝本想处死贺夫人，但迟迟下不了决心。贺夫人正好找到机会，让人向拓跋绍求救。当晚，拓跋绍便伙同亲信，闯入宫中，最后竟丧失人性，杀死了道武帝。拓跋嗣正好有事外出，这才幸免于难。

原文

庸不纳忠。

译文

昏庸之主不接纳忠臣。

释评

在封建专制时代，忠臣的命运并不平坦。按理，忠臣应得到最多的荣耀；按法，受到惩罚的绝不该是忠臣。可事实上，理与法若掌握在昏庸之主手里，就失去了公正性，取而代之的是他们的好恶偏私。忠言逆耳。忠言恰是昏庸之主厌恶的，忠臣的悲哀莫过于此。

事典

“口不择言”的庞尚鹏

明嘉靖时，庞尚鹏巡按河南。巡抚蔡汝楠为了讨好嘉靖帝，请求庞尚鹏和他一道上疏进献白鹿。他对庞尚鹏说：

“时下国家大治，百姓富足，说来都是皇上的功劳，也是上天的护佑，我们身为臣子的怎能不大力宣扬这一点呢？白鹿是祥瑞之兆，将其进献给皇上，皇上一定欢喜，百姓一定欢庆，我们也会受到奖赏。”

蔡汝楠说得眉飞色舞，庞尚鹏却感到厌烦，他说：

“忠臣当以劝谏皇上勤政爱民为己任，不该做此等献媚之事。时下的形势并不像你说得那么好，我们凭什么进献祥瑞呢？”

庞尚鹏坚决反对。蔡汝楠脸色难看，他规劝说：

“做个忠臣也是要迎合皇上的，否则被皇上厌恶，又会有什么作为呢？这并不是件无耻之事，你没必要严词拒绝。”

庞尚鹏正色道：

“你不要为自己辩解了。这种事我肯定不会做的，你也不要规劝了。”

庞尚鹏耿介刚直，在朝中没有靠山。他严厉打击豪强，豪强对他又怕又恨。一位奸吏私下劝庞尚鹏道：

“大人立志做个忠臣，可历史上忠臣都是多灾多难的，这其中的原因其实简单，那就是他们不合时宜啊！皇上喜欢听顺耳之言，很多官吏都想浑水摸鱼，他们都是讨厌忠臣的，所以忠臣只能倒霉了。”

庞尚鹏斥责说：

“你忘了还有人喜欢忠臣，那就是天下百姓。有天下百姓做依靠，忠臣便什么也会不畏惧了。”

奸吏长笑道：

“天下百姓能给你什么呢？你的富贵权位并不是他们授予的，他们只会送给你一两句赞美之词，这又有何用呢？”

庞尚鹏气愤不已，命人将奸吏轰出门外。

嘉靖帝死后，穆宗继位。穆宗不理朝政，很久不召见大臣。庞尚鹏劝谏穆宗说：

“天子不召见大臣，就不了解世事民情，久而久之就会使朝政废弛，百姓失望。陛下登基不久，万事生疏，更应勤于政事，了解民生疾苦。否则，陛下是治理不好国家的。长此以往，就会动摇国之根基，陛下自己也会深受其害的。”

穆宗听来刺耳，尖声道：

“朕治理不好国家，你看谁能担当大任呢？你目无天子，实在放肆！”

庞尚鹏并不赔罪，仍道：

“臣一时性急，只想尽忠，虽口不择言，但决无恶意。臣奉劝陛下不要贪图享乐，应励精图治。”

穆宗打断庞尚鹏的话，恨恨道：

“你口无遮拦，这就是你所谓的忠臣行为吗？朕只认为你狂妄无礼，你就不要打着忠臣的名号骗朕了！”

穆宗将庞尚鹏赶出大殿。庞尚鹏痛哭失声，无比难过，他对朋友说：

“我忠贞无比，皇上为何这般对待我呢？我错了吗？”

朋友低声道：

“这不是对与错的事，只是你不了解皇上啊。”

庞尚鹏泣道：

“我处处为皇上和朝廷着想，为官清廉严明，做事勤勤恳恳，却被斥为奸人，我难以接受。”

朋友劝解说：

“皇上不智，天大的忠臣他也不会接受，你不要责怪自己了。现在这个时候，你就该保持沉默，明哲保身。你大声指责皇上，这是你不识时务的表现。你没有受到刑罚，便是天大的幸事，你还委屈什么呢？”

庞尚鹏没有听从朋友的话，仍是不断地向穆宗进言。穆宗烦不胜烦，他曾愤怒地对宠臣说：

“庞尚鹏得寸进尺，他想当忠臣，那朕就成全他好了！”

庞尚鹏先是被降职，接着被贬为平民。

原文

明不容奸。

译文

贤明之主不容忍奸臣。

释评

奸臣也有难过的时候，那就是遇到贤明之主时。媚言对贤明之主全无功效，只会暴露奸臣的面目。贤明之主不仅不会重用他们，而且会惩治他们。但奸臣并不只会花言巧语，他们也深知沉默的好处，有时还故意显得十分拙笨。这种奸臣和那些只会溜须拍马的奸臣相比，更加阴险狡猾，危害性也更大。这就需要人们擦亮眼睛，看出其险恶的本性。

事典

被识破的魏忠贤

明熹宗在位时，特别宠信宦官魏忠贤，他任命魏忠贤为司礼监秉笔太监，同时兼提督宝和三店。

朝中一位大臣曾进谏熹宗说：

“司礼监责任重大，而魏忠贤不识字，他如何担当大任？这完全是违制违例之事，陛下太草率了。”

魏忠贤和熹宗的乳母客氏交好，魏忠贤本人又善进媚言，深得熹宗的欢心。有此缘故，熹宗对魏忠贤十分信任，且听不得别人说魏忠贤坏话。

熹宗听了那位大臣的谏言，当即发火道：

“用人贵在用忠臣，朕不是草率，而是以忠心为标准来选拔人才，难道这也有错吗？你是读书识字的，却是对朕不忠的，又有何用！”

熹宗罢免了那位大臣的官职。

魏忠贤虽不知书，但他记忆力非常强，常把自己听来的有趣故事讲给熹宗，熹宗每次都夸他讲得生动。魏忠贤又惯于曲意逢迎，他颂扬熹宗的话朴实无痕，绝无酸腐之气，熹宗听了顿觉与众不同。

一次，熹宗问魏忠贤说：

“你并不知书，你的学问从何处得来？”

魏忠贤谄媚道：

“在陛下身边，耳濡目染，可以说这都是陛下教臣的。”

熹宗虽知道他是在奉承自己，但因为他说得实在，还是大为高兴。他对左右说：

“说谎也有学问，也有它的妙处，在这一方面，你们都要请教魏忠贤。朕明知他在说谎，可朕却不仅不生气，反而十分舒坦，朝廷中只有魏忠贤才能做到啊！”

魏忠贤怂恿熹宗挑选会功夫的阉人，又终日引诱熹宗沉迷于倡优声伎、狗马射猎之事。熹宗把魏忠贤引为知己，对他说：

“朕与你话语投机，心意也相合，我们君臣真是有缘啊。你给朕带来这么多快乐，朕又怎会辜负你呢？”

刑部主事刘宗周弹劾魏忠贤，他痛切地对熹宗说：

“自古奸臣都会极力迷惑皇上，他们所做的一切都是为了讨取皇上的欢心，而置国家利益于不顾。现在魏忠贤的所作所为，与古代奸臣毫无二致，陛下绝不可信任他。”

熹宗大怒，咆哮道：

“你明里诬陷魏忠贤，暗里指责朕是个昏君，你才是个奸臣模样啊！”

熹宗要处死刘宗周。大学士叶向高极力救助，刘宗周这才幸免于难。

叶向高安慰刘宗周说：

“你为国进谏，志在除奸，我是十分钦佩的。你要相信，恶人不会得到好报的，你我都耐心等待吧！”

刘宗周点头道：

“皇上昏庸，魏忠贤方有受宠的好运；一遇明主，他的那一套鬼把戏就不灵了，他的末日便到来了。现在我只能期盼这一天早日到来！”

天启七年（1627）八月，熹宗病势危重，召信王朱由检入宫，接受遗命。朱由检即皇帝位，是为崇祯帝。

崇祯帝对魏忠贤久怀厌恨，而魏忠贤也自知不能用从前的方法对待崇祯帝。他召集党羽说：

“当今皇上不比先帝，他是不喜欢阿谀奉承的。为了保住我们的权位，我们不得不另取他法了。保持沉默可以不令皇上生厌，亦可掩饰本心，我们必须这样做了。”

魏忠贤一改前态，沉默不言，对崇祯帝显得极为恭顺。崇祯帝颇感意外，一位忠贞大臣指出说：

“奸臣虽有百变之身，但改变不了他们邪恶的本质。魏忠贤等人这是在迷惑陛下，陛下切不可中了他们的诡计。”

崇祯帝猛然醒悟，于是下定决心惩治奸党。魏忠贤被发配凤阳，随后上吊而死。魏忠贤的余党也一一受到惩处。

原文

良言易污。

译文

好的话语容易受到歪曲。

释评

对好的话语，不同的人有不同的理解。对自私狭隘之人而言，他们不相信人们的善意，再好的话语他们都会加以歪曲。面对这种人，好心劝诫反而会得罪他们。

事典

屡被误解的范纯仁

北宋哲宗时，范纯仁为右仆射。大臣苏辙议论殿试的题目时，征引汉昭帝改变汉武帝时的法律制度的事，来说明神宗时的事。哲宗大怒说：

“你竟敢拿汉武帝和先帝相比，可见你对先帝不敬啊！”

哲宗命苏辙下殿等候治罪，百官都吓得不敢抬头。范纯仁站了出来，他毫不畏惧地说：

“汉武帝雄才大略，史书上都没有轻视他的话，陛下怎能认为汉武帝无能呢？苏辙拿汉武帝和先帝相比，这本是一句良言赞语，不想陛下却误解为诽谤先帝，此事令人痛心哪。如果陛下这样对待谏言，那么以后就没有人敢说话了。这样受害的只能是朝廷。”

哲宗说：

“人们不是喜欢把秦始皇、汉武帝放在一起谈论吗？秦始皇是个暴君，那么汉武帝又是什么呢？”

范纯仁回答道：

“苏辙说的是国家形势和国事，讲的并不是具体的人，陛下实在是太多

心了。”

哲宗还是不悦，他不顾范纯仁再三劝谏，仍将苏辙贬官，让他做了汝州知州。

范纯仁又气又恼，他亲自送苏辙上路，悲痛道：

“皇上无端猜疑，致使你蒙冤被贬，此事太无理了。我不能救助你，实在感到羞愧啊！”

苏辙致谢道：

“范大人真是菩萨心肠，我感激不尽，范大人何必羞愧？我不怪他人，只怪我出言不慎，你也要吸取教训。”

范纯仁大声说：

“你全无错处，要怪只能怪皇上误会良言。我不会吸取这个教训，否则，朝廷之中又有谁敢说真话呢？”

苏辙苦苦相劝，范纯仁只是争辩。苏辙长叹一声，前往汝州。

范纯仁坚持进献忠言，他为无罪被贬的人大声鸣冤，多次和哲宗发生争论。一次，哲宗气呼呼地说：

“你自认为主持正义，说的是好话，朕不这样认为！”

范纯仁执着道：

“为好人鸣冤，为朝廷留住人才，为陛下减少过失，这一切如果都不算好话，那么什么是好话呢？”

大臣章惇利欲熏心，时刻想往上爬。他见哲宗对范纯仁不满，于是挑拨说：

“范纯仁自恃有功，早不把陛下放在眼里了。他虽说得好听，实际上却傲慢无礼，可见他全无真心。”

哲宗开始亲近章惇。范纯仁为此忧心，他对哲宗说：

“章惇好大喜功，善于逢迎，他的话是不可相信的。”

哲宗冷笑道：

“难道朝廷中只有你才肯讲真话？这太荒唐了，你也太可笑了。”

哲宗对范纯仁更加冷淡。范纯仁的好友都劝他说：

“皇上疑心于你，你所有的好话都可能被误解，你再劝谏只会对你不利。你只可视而不见，一言不发，如此或可增加皇上对你的好感。你不要坚持进言了。”

范纯仁执拗道：

“让我闭嘴，这是不可能的，有话不说就是失职！”

哲宗对范纯仁越来越难以忍受，他直接任命章惇为相。范纯仁见此心寒，他伤心地说：

“我的好意都被误解了，而我却无处申诉，这太令人痛苦了！”

范纯仁坚决请求解职，离开了朝廷。

原文

心善易伤。

译文

心地善良容易受到伤害。

释评

封建专制时期，出人头地有时靠的并不是真正的本领和高尚的人格。心狠手辣的小人时而能窃居要职，这就是当时社会不公平的一大特征。在这种社会环境下，一味单纯和善良是不够的，人们不得不防范小人，以免被其利用、欺骗。

事典

焦虑的申屠刚

东汉平帝时，王莽专权，他猜忌朝中的大臣，暗中派人监视他们的行踪。王莽曾对心腹说：

“天下没有一个人是可以完全信任的，因为他们都在觊觎我的权位，我怎可以疏忽大意呢？”

被推举为贤良方正的申屠刚听说此事，非常愤恨。他对朋友说：

“王莽善于利用他人为己谋利，从这件事更可看出他的险恶用心了。他的伪善面目骗了不少良善之人，此人的真面目若不让人识破，国家和百姓都会遭受灾难。”

申屠刚一面揭发王莽，一面又给王莽上书。他说：

“朝廷官吏如果心术不正，那么世风一定大坏，乱事也会丛生。大人当从自身做起，为天下人做个榜样。”

王莽见申屠刚语含责备之意，心中生恨。他以朝廷的名义罢免了申屠刚，令其返回家乡。

申屠刚对乡人说：

“王莽的真面目终于暴露了，他利用人们的善良，愚弄天下人。我相信他执政一定不会长久的。”

乡人问他说：

“王莽掌握了天下，兵精粮足，无人不顺，你凭什么下此断言呢？”

申屠刚分析说：

“天下被他骗夺，只是人们的善良被他利用了，并不是他有多大本事。人们终会明白王莽不是善类，他们的怒火就会爆发出来，群起而攻之。如此，王莽还会长久吗？”

乡人们听了他的话，将信将疑。

后来，王莽果然失败。这时，隗嚣占据陇右，打算背叛汉朝，归附公孙述。申屠刚规劝隗嚣说：

“我听说人们要归顺的，是上天赐予的；人们要背叛的，是上天抛弃的。汉朝继承神圣的道德，兴举正义之兵，替天实行惩罚，凡是有阻挡的，一定会被它摧毁。这是上天在保佑它，将军不该背叛它。”

隗嚣长声道：

“你说的这些都是陈词滥调，毫无新意。汉朝并不重视我，而公孙述却对我礼遇甚隆，还委以大任，你说我该如何选择呢？我背叛汉朝是有客观原因的，并不能怪我。”

申屠刚直言说：

“公孙述人单势孤，他对你许诺多多，不过是想利用你罢了，他哪会有诚意呢？将军不要相信公孙述。”

隗嚣反问道：

“人心叵测，我就该相信汉朝吗？”

申屠刚说：

“汉朝用国家来保证信义，打算和将军一起共享太平。如果这个都不能使将军相信，那么将军更不该相信公孙述了。”

隗嚣私下和部将讨论，部将说：

“申屠刚说得有理，公孙述只是利用我们对抗汉朝，我们不能受他的欺骗。将军应和公孙述一刀两断。”

隗嚣迟疑道：

“我对汉朝颇多怀疑，汉朝势大，它会对我们真心相待吗？一旦有诈，我们只能被它吞并，难有翻身之日了。而公孙述不同，他纵然有心，也不敢对我们下手，何况我们互为依靠，否则就无力抵抗汉朝了。”

隗嚣说服了部将，决心归附公孙述。他对申屠刚说：

“你劝我归附汉朝，我认为是不利于我的。我始终认为公孙述待我赤诚，我不能辜负他的情谊啊！”

申屠刚大为焦虑，他大声道：

“将军不识真伪，就会做出错误的判断，您要为此付出代价的。现在还不晚，将军还是趁早改变主意吧！”

隗嚣忽显怒色，喝阻道：

“我现在怀疑你是汉朝的说客，我不杀你已是客气，你还不肯罢休吗？”

申屠刚洒泪而走。他对别人说：

“隗嚣本性不恶，他只是被公孙述迷惑住了。我不忍见他败亡，这才苦苦相劝，可惜他不肯悔悟啊！”

后来，隗嚣连连兵败，最终怀着悔恨死去。

原文

专权者上也。

译文

独断专行的是上司。

释评

封建专制时代，上位者往往独断专行，难容他人的质疑和批评。他们尽管有时会做出开放的姿态，号召人们进言献策，但未必会真正听从他人的建议。在当权者的眼中，权力是不能让他人染指的，他们做出的决策，他人只能无条件地服从与执行，否则就是叛逆。

事典

悲愤绝望的高攀龙

明神宗时，侍郎赵用贤、都御使李世达被谗退职。大臣高攀龙给神宗上疏说：

“近来，臣见朝廷之中，正人君子被排挤，摈除一空。大臣则有李世达、赵用贤离去了，小臣则有赵南星、陈泰来、顾允成、薛敷教、张纳陛、于孔兼、贾岩被贬斥。近来李祯、曾乾亨又不安心于职位而请求离去，文选司郎中孟化鲤又因为推举选用谏官张栋，全司官员尽被贬斥。人才难得，如此之多的人才被赶出朝廷，不知陛下作何感想？他们只是为国言事，并无私心。陛下为了国家大计，也该宽恕他们，使其建功。”

神宗对左右说：

“高攀龙质问朕为何驱逐大臣，朕用得着向他说明吗？他们一个个以进谏为能，语气强硬，逼朕就范，朕岂能容他们指手画脚？他们这是没有自知之明啊！”

高攀龙见神宗不作答复，又上疏说：

“现在群臣都不敢言事了，不让他们表达政见，是不利于陛下统治天下的。陛下为了祖宗江山，为了整顿朝纲，亦应广纳谏言，集思广益。”

神宗每见高攀龙的奏疏，都十分生气。他对左右道：

“这个高攀龙，官位不高，却管事不少，是谁给他这么大的权力？他多次烦扰朕，是何居心？”

左右见神宗发怒，于是争先诋毁高攀龙。他们说：

“高攀龙自以为有才能，对朝廷大事指指点点，认为所有人都不如他，实在是太狂妄了。陛下英明睿智，还用得着他胡言乱语？陛下还是惩戒他一下，日后也好清净清净。”

高攀龙于是被贬谪为广东揭阳典史。

御史吴弘济想要救援高攀龙。一位同僚阻止他说：

“这是皇上的旨意，谁也改变不了，你就不要白费气力了。皇上鼓励臣子进谏，其实只是说说而已，都怪高攀龙太当真了，这才惹祸上身。皇权不可侵犯，皇上不可劝谏，我们还是保持沉默吧。”

吴弘济跺足道：

“眼看皇上犯错，而我们不加劝谏，这和小人有什么两样？皇上太霸道无理了，这样会毁了整个国家的。”

同僚苦苦劝说：

“又有几个皇上是不霸道的呢？这是皇上的权力，我们无法干涉啊。倘若你坚持进谏，皇上就会认为你是高攀龙的同党，是有意向皇上发难，此中结果就不难想象了。”

吴弘济不忍高攀龙受难，还是向神宗进谏。他沉痛道：

“陛下治理天下，当依靠臣子们的齐心协力，如此才不会有大的过失。陛下凡事不与群臣商议，还打击言事的大臣，这是与大道相违背的。陛下不用担心他们会有什么企图，他们都是无比忠心的啊！”

神宗果然大怒，他大声斥责吴弘济，并责罚了他。

熹宗继位后，在家赋闲近三十年的高攀龙被重新起用，任光禄寺丞。高攀龙的朋友向他祝贺，同时提醒他说：

“你的老毛病若不改掉，还是会有麻烦的，你不要掉以轻心哪。”

高攀龙笑着道：

“当今皇上圣明，对我有再造之恩，我怎敢偷闲呢？”

朋友低声说：

“皇上终是皇上，皇上最爱自己的权力，是不会虚心纳谏的。皇上和先帝不会有什么不同，你不要心存幻想了。”

高攀龙不改初衷，仍是常常进谏，熹宗渐渐疏远了他。

一次，熹宗对高攀龙说：

“先帝将你放逐回乡几十年，你可有什么心得吗？”

高攀龙没有多想，诚实道：

“先帝怪臣多言，可臣并不认为这是臣的罪过。”

熹宗冷冷地说：

“你还是没有认真思过啊！”

高攀龙将此事告诉了朋友，朋友说：

“你还不知皇上的意思吗？皇上是在暗示你要少开口、少进言。皇上喜欢独断专行，怕你坏了他的大计。”

高攀龙怔怔发呆，后道：

“如果是这样，那么我是白白等待了几十年。我做官是想有所作为，有所贡献，并不是为了荣华富贵。”

高攀龙心中痛苦，但他并未停止进谏。熹宗和朝中奸佞都迫害他。高攀龙悲愤绝望，自杀而亡。

原文

保身者下也。

译文

明哲保身的是下属。

释评

封建专制时代，君主掌控一切，臣子的身家性命全在君王一念之间，稍有不慎，就有大祸临头的危险。因而，若所遇非明君，明哲保身就是不得已而为之的无奈之举。

事典

以退为进的王旦

北宋真宗时，王旦为宰相。一次，真宗拿出自己所作的《喜雨诗》。大家看过后，王旦对大臣王钦若低声说：

“诗中有一个字写错了，不知道能否让皇上改过来呢？”

王钦若说：

“皇上高高在上，你若指出皇上的错误，皇上一定会不高兴。”

王钦若嫉妒王旦，他一方面稳住了王旦，一方面又私下向真宗报告了此事。王钦若对真宗说：

“王旦看似忠厚老实，实际上他是老奸巨猾啊！他明知道陛下写错了一个字，却不提醒陛下，反是告诉臣，他这是在贬低陛下而抬高自己。臣不敢对陛下隐瞒，臣要揭发王旦的丑行。”

真宗十分生气，他马上传召王旦。真宗瞪视着王旦，说：

“你明知朕写错了一字，就应当场指出来，为何当面不说而背后乱说？”

王旦知道一定是王钦若出卖了自己。他大为后悔，忙道：

“臣当时并未看仔细，没看到文字有误。总之是臣的不对，请陛下惩罚。”

真宗见王旦不停地磕头，怒气顿消，他说：

“你虽有过失，但也不是什么大罪，你就不为自己辩解一下吗？”

王旦道：

“臣无地自容，岂敢自辩呢？臣确实错了，谁都可以指责臣，臣不敢有

任何怨言。”

经过此事，王旦感触颇多，他对家人倾诉说：

“这虽是件小事，但因为我的不慎，险些酿成大祸，都怪我太多话了。我身为臣子，一句话不合皇上心意，便可招来无穷的麻烦，甚至灾祸，这个教训我一定要谨记于心。”

一日，皇宫发生了火灾，王旦马上来见真宗。真宗说：

“前两朝积攒下来的财物，朕没有随便使用，现在差不多烧光了，实在可惜。”

王旦陪着真宗叹气，并不说话。

真宗自己说了半天，见王旦不语，于是奇怪道：

“发生这么大的灾祸，你就不能说几句话吗？”

王旦说：

“灾难已经发生了，说得再多也不能挽回损失。”

真宗仍是抱怨，王旦这才小心道：

“陛下拥有天下，不必在意一些财货。臣自居宰相的职位，没有尽职尽责，臣应该被罢免。”

真宗吃惊道：

“朕并未怪罪你，你为何要自请罢免呢？你不要多想。”

王旦回到府中，对家人说了此事，家人亦惊讶道：

“大人的官位人人觊觎，不该主动放弃啊。皇宫失火本与大人无关，大人不能把责任揽到自己身上。”

王旦压低声音说：

“我也不想这样，只是情势如此，我想以退为进。皇上的不满之情溢于言表。我主动提出辞官，皇上就不好迁怒于我了，这样我也可以保住相位。”

家人明白过来，都说王旦高明，思虑周全。

第二天，王旦向真宗上疏辞官。王旦说：

“臣有责任，不想辩解。臣为宰相，对朝中大小之事都有督察之责，何况皇宫失火这么大的灾难呢？”

真宗见疏不语。文武百官见王旦自责，一时都慌了手脚，纷纷向真宗请罪。他们说：

“宰相并无过失，有过失的是臣等啊！请陛下责罚臣等，不要让宰相受过。”

真宗见状，深感王旦颇有人望，对他的怨气也烟消云散了。真宗动情道：

“王旦带头认罪，丝毫没有自我辩解，众大臣勇于承担责任，不加推诿，这是朝廷的新气象，应予以肯定啊！朕不想让你们替朕受过，这是朕得罪上天的缘故，与任何人无关。”

真宗于是下了罪己诏书，一场风波终于平息了。

原文

上下难交心矣。

译文

上司和下属都很难做到把内心的想法毫无保留地说出来。

释评

封建专制时代，君臣之间是互相设防的。君主不能把臣子视为愚人，臣子也不能把君主视为圣人。他们各有私心，难成知己。历史上，因言获罪的臣子数不胜数，对于臣子来说，保持必要的沉默和距离，能更好地保护自己。

事典

吕夷简的变化

北宋仁宗时，吕夷简位居宰相之职，经常和仁宗谋划大事。

吕夷简性格直率，敢于表露心迹，对仁宗毫无隐瞒。一次，仁宗对吕夷简说：

“太后任用私人，这对朝廷不利，你认为该如何处置此事？”

吕夷简直言道：

“太后干涉朝政太多，陛下多受牵制，应改变这种局面。陛下不能公开指责太后，当从削弱太后的羽翼着手。这样，太后没有了羽翼，也就无力干涉朝政了。”

仁宗表示赞同，又道：

“太后的羽翼不少，你认为应当先裁掉谁？”

吕夷简随口说：

“张耆、夏竦都是太后任用的，应予裁减，以警他人。”

吕夷简回到府中，显得十分高兴，他对家人说：

“皇上和我商量秘事，还认真征询了我的意见，可见皇上对我十分信任啊！”

家人听完事情经过，叹声说：

“皇上的心意难以揣测，你身为臣子，怎可向皇上袒露心迹呢？话一说出，便难以收回，这样的事你还是少做为上。”

吕夷简认为家人多虑，他补充道：

“皇上亲自询问，我能不据实回答吗？否则便是不忠啊！皇上信任我才会如此，我并没有感到有何不对之处。”

仁宗事后把此事告诉了郭皇后。郭皇后对吕夷简的言行十分不满，她对仁宗说：

“吕夷简鼓动陛下裁撤大臣，攻击太后，这是小人干的勾当，陛下为什么还相信他呢？我想吕夷简决不会说出心里话，他一定是在欺瞒陛下啊。”

仁宗没了主意，回道：

“朕见他说得诚恳，这才相信他，难道他也不可靠？”

郭皇后说：

“吕夷简工于心计，善于游说，这个人绝不可信任。陛下以后不可对臣子说出心事，否则就会为人所乘。”

第二天，仁宗宣布罢免张耆、夏竦。接着，仁宗又宣布说：

“吕夷简身为宰相，凡事专断，不足以领导群臣，朕决定免去吕夷简的宰相之职。”

听此消息，吕夷简如五雷轰顶，呆若木鸡。群臣也完全没料到，都异常震惊，迷惑不解。

吕夷简回府之后，对家人说：

“你的话应验了，我的报应也来了，想不到竟是如此之快啊！”

家人安慰吕夷简道：

“事到此时，后悔无用，你还是设法补救吧。你以后不能随便与人交心了，切记啊！”

吕夷简平时和内侍副都知阎文应交情很好，便请他到宫里探听消息，方知这一切的起因在郭皇后。

吕夷简一笑说：

“平日我对郭皇后十分冷淡，难怪她会背后说我的坏话。现在我知道了前因后果，我就有办法解决此事了。”

家人劝他讨好郭皇后，赢得她的好感。家人说：

“你不能再像从前那样了，郭皇后爱慕虚荣，喜欢奉承，贪恋财物，你尽可投其所好，设法讨好皇后。这不是羞耻之事，为了大计，你也要破例为之了。”

家人担心吕夷简不肯，想不到吕夷简却连连点头道：

“你说得不错，为了大计就要破例，何况这并不是什么难事。我从前只想和别人交心，结果为人算计，苦不堪言。现在我是想通了，别人对我没有真心，我又何必付出真意呢？我是不会难为自己了。”

吕夷简于是多方向郭皇后示好，不时送上珍宝。郭皇后心花怒放，开始在仁宗面前说吕夷简的好话。

不久，吕夷简又恢复了宰相之职。